Largo noviembre de Madrid

Largo noviembre de Madrid

Juan Eduardo Zúñiga

ALFAGUARA HISPANICA

Estos cuentos están dedicados a Felicia.

Índice

Noviembre, la madre, 1936

—Pasarán unos años y olvidaremos todo; se borrarán los embudos de las explosiones, se pavimentarán las calles levantadas, se alzarán casas que fueron destruidas. Cuanto vivimos, parecerá un sueño y nos extrañará los pocos recuerdos que guardamos; acaso las fatigas del hambre, el sordo tambor de los bombardeos, los parapetos de adoquines cerrando las calles solitarias...

Había terminado la alarma y era preferible proseguir en casa las aclaraciones aunque venía a ser lo mismo sentirse rodeado de personas desconocidas que estar en habitaciones heladas, perdida la antigua evocación familiar y los olores templados de las cosas largamente usadas sobre las que ahora se veían los cendales del polvo al haber sido abandonadas por sus dueños pese a que aún los hermanos se movían entre ellas sin querer tocarlas, mientras el mayor gruñía que deseaba ardientemente olvidarlo todo, desagradable asunto que les tenía sujetos, que procuraría resolverlo cuanto antes y por eso era mejor seguir hablando a pesar de los gestos desconfiados de una aversión que no se ocultaban los tres cuando, juntos, su pensamiento coincidía en la separación infranqueable, tan evidente a la muerte de los padres, en la que aún más les sumían las forzadas esperas en el refugio si había bombardeo, cuando se acrecentaba la tensa expectativa de algo fatal porque no había quedado testamento.

Todas las habitaciones parecían esperar un reparto y estaban en silencio, aunque en el largo pasillo creían a veces escuchar pisadas que en lugar de acercarse y revelar una presencia imposible, se alejaban hacia el fondo de la casa. "¿Qué es ese ruido?", exclamaba alguno, pero no se movía para ir a comprobar la causa de aquellos roces semejantes al paso de unos pies pequeños que discretamente se distanciaron del presente, un presente que sólo dependía del dinero, de los recursos que aun en plena guerra permite el disponer de una fortuna, donde los billetes de banco dan el poder de transformar la dura materia de la vida en vicisitud cordial y halagadora y toda contingencia se transmuta en negocio de fácil solución que sólo requiere entrevistarse, acordar algo, firmar unos papeles, y esto para ellos era norma aprendida y por eso contraían las bocas, se tensaban los pliegues al borde de los ojos, se fustigaban entre sí con el propósito de no volver a verse no bien se terminara aquel asunto.

En medio de la discusión oían las pisadas y uno de ellos reconocía que era un eco de otras, escuchadas mil veces, cuando la madre venía al comedor donde la mesa estaba puesta y todos eran convocados al ritual de reunirse y comentar temas banales bajo sus ojos atentos y distraídos, con gesto parecido al de quien desea huir y está a punto de levantarse y desaparecer, y él era únicamente quien lo percibía cuando ya participó de su secreto deseo que no era estar allí, condenada de por vida al entramado familiar, pendiente de la administración doméstica, sin entrever una forma de escapar porque ya no existía la modesta familia de donde salió, y sí, en cambio, alzar la cabeza en un ensueño de libertad, de decisiones personales, de total independencia de criterio...

Se oían sus breves pasos mientras los tres

ventilaban la razón de estar allí juntos, hablando obstinadamente sin sentarse, dos de ellos con los abrigos puestos, el más joven con una cazadora, los tres como huéspedes de una pensión incómoda en la que sólo esperan pagar la cuenta y marcharse porque aquélla no es su casa y quizá va a desplomarse entre explosiones si le cae una bomba y todo el contenido de afecto y desavenencias que es el interior de un hogar se redujera a polvo y cenizas. Cuando llegaban los aviones y las baterías de Tetuán comenzaban a tirar y las sirenas recorrían las calles para que la gente buscase los refugios subterráneos, incluso en éstos, polemizaban si se podía hacer un reparto ante notario, para luego marcharse, escapar antes de que fuese demasiado tarde, y el hermano mayor repetía que ojalá llegara el día en que lo vieran todo lejano, como quien cuenta algo que ha oído y no entendió bien, o no puso atención, y cuando quiere reconstruir borrosas figuras de personas o lugares, no le es posible.

Si estaban en el comedor, también por allí cruzaba la figura desvaída y muda del padre, incapaz de distinguirlo entre otros parecidos corredores de fincas, avaro de sus sentimientos, de sus aficiones, de sus proyectos, consciente o no de que dejaba tras sí una estela envenenada que dañaría a los que fueran sus hijos, porque también los dañó el día que se supo que su paternidad la compartía con otra casa, donde había una mujer que él atendía en el mayor de los sigilos, lo que debía imponerle con ellos una distancia, una frialdad, para no confesárselo en un momento de sinceridad, y a su muerte aquella familia desapareció, lo que hacía aún más penoso reconocer que hubo ese silencio toda una vida y ellos, con la otra mujer, sentían un extraño vínculo o inexpresable relación que casi les daba vergüenza reconocer. Y de él poco sabían, en verdad, ni de sus ingresos, ni de sus amistades, porque vivía como huésped en una casa cómoda, donde tenía una familia que le prestigiaba y cuya formación había correspondido a una unión artificial, no basada en sentimientos ni en amor, sino en unas razones escuetas y prácticas que estaban ligadas a su mundo, a sus hábitos, a tradiciones penosas pero aceptadas a cambio de un pago en dinero, en consideración, en prestigio social, aunque supusieran también imponer la dura norma sobre otros, sobre los más allegados, que sin piedad deben ser sometidos a los respetos generales.

Nadie se interesa por el sufrir ajeno y aún menos por la dolorosa maduración interior que exige tiempo para ser comprendida, así que ningún familiar se percata de ese tránsito hacia el conocimiento de lo que nos rodea, hacia la verdad del mundo en que vivimos, conocimiento que pone luz en la conciencia e ilumina y descubre una triste cadena de rutinas, de acatamiento a razones estúpidas o malvadas que motivaron llantos y, muy cerca, en la vecindad de la estabilidad burguesa, hizo levantarse manos descarnadas de protesta; y aún más difícil de concebir es que esta certidumbre de haber comprendido se presenta un día de repente y su resplandor trastorna y ya quedamos consagrados a ahondar más y más en los recuerdos o en los refrenados sentimientos para recuperar otro ser que vivió en nosotros, pero fuera de nuestra conciencia, y que se yergue tan sólido como la urbanidad, los prejuicios, los miramientos...

Y esa claridad que había venido a bañar una segunda naturaleza subterránea permitió al hermano menor comprender cómo era la madre y desde entonces relacionarla con su nueva mirada hacia las cosas, aunque todo se olvide fácilmente, incluso algo tan fundamental como su persona en la casa, tan necesaria a las horas de las comidas; pero ya era posible vivir sin que ella estuviera presente porque había afanes y preocupaciones y objetivos que alcanzar, y sólo breves momentos en que estos impulsos se paralizaban y quedaba en blanco el pensamiento, aparecían, como imperceptibles roces en el pasillo, furtivas imágenes de ella, tan ajena a intereses, a compra o venta de fincas, hundida en su postura doméstica, con la espalda cargada por la función materna, junto a la suave luz del balcón que apenas iluminaba aquel lento acabamiento, y como una revelación cierto día había dicho: "Pasarán años y si vivimos, estaremos orgullosos de haber presenciado unos sucesos tan importantes, aunque traigan muchas penas y sean para todos una calamidad."

Los dos hermanos mayores la habían escuchado y no hicieron gesto de comprender; el tercero, el pequeño, prestó atención y entendió cada una de las palabras y a través del tedio de la relación cotidiana, un rayo finísimo comenzó a abrirse camino en dirección a los soterrados dominios de la vida anterior y se extrañó de que ella hablase así, porque era descubrir una conciencia más clara y objetiva de lo que podría suponerse en una mujer absorbida por lo hogareño, ajena, al parecer, a los acontecimientos externos a su prisión. Ninguno pareció haberlo captado porque ya entonces la atención de los tres hombres se dirigía, aún en vida de la madre, a la propiedad del edificio, en la tensión de una situación dejada sin resolver, lo que era lógico en un tiempo de guerra, razonaba él, pero unos minutos después comprendía que no dependía de la guerra, sino de la pasión que habían fomentado en ellos, valoración exclusiva del dinero, de la propiedad privada; no, no eran soldados sobre un parapeto de sacos, golpeándose con las culatas de los fusiles que caen pesadamente en hombros y cabezas ya sin casco, sin protección alguna, idéntico el resuello, idénticos los gestos de dolor: ellos, como hombres de negocios, cruzaban su mirada desafiante a través no ya de meses, sino de muchos años, acaso desde los hábitos que implantó en el país la Regencia con el triunfo de los ricos y sus especulaciones, la fría decisión del lucro pese a todo, que hace que los hermanos dejen de serlo. Y los que estaban en aquel momento parapetados en las calles de Carabanchel o corrían por los desmontes de la Ciudad Universitaria, disparando desde la Facultad de Letras, luchaban por algo muy distinto; acaso sin saberlo ellos bien, les movía un impreciso anhelo de no ser medidos con el distante gesto del superior que les juzga según sean capaces de rendir provecho e incrementar su hacienda. Para los hermanos, todas las esperanzas estaban en terminar, que se borrasen del recuerdo aquellos meses de plomo y se abriera una época nueva y así entregarse a todas las quimeras, todos los caprichos que se harían realidad; para el mayor, eran los amores, la cuenta corriente, el mando a lo que tenía derecho por su clase social: los viajes, las aventuras con mujeres extranjeras, los lances de fortuna en el Casino de San Sebastián, las noches del carnaval de Niza, el golf en Puerta de Hierro, las cenas en Lhardy..., y propuso que debían ir a ver la casa, saber cómo estaba, cómo la conservaban los vecinos, si requisaron las tiendas o algún piso, y ya que, de los tres, el joven era quien más seguro podía andar por las calles con su documento militar, él habría de enterarse de lo ocurrido al medio día cuando los aviones dejaron caer bombas en aquel barrio, y para estar tranquilos de que nada había pasado, le convencieron de que fuera, y aunque él creía que era inútil, accedió, como tantas veces por ser el menor, y al salir del portal subió la vista hacia el cielo, donde una columna de humo se elevaba recta en las nubes para extenderse sobre lejanos tejados, buhardillas, chimeneas combatidas por la herrumbre, azoteíllas de ropa colgada y antenas de la radio, una accidentada planicie de tejados, superior a la ciudad, vacía, casi un inframundo de calma y sueño, aunque la realidad abajo fuera otra muy distinta: su ciudad natal, pobre y limpia, pequeña, de aires puros y fríos, algunas avenidas, iglesias, ministerios, asentada entre campos yermos, rodeada de arrabales con nombres entrañables para los que vivieron su historia cotidiana: Guindalera, La Elipa, colonia Fritsch, Doña Carlota, Entrevías, La China, Usera, Carabanchel, altos de Extremadura, La Bombilla, Peñagrande, Tetuán, y ya más cerca, Cuatro Caminos, extrarradio de casitas con frágiles techos y manchas de humedad en las paredes que albergaban el hambre y el cansancio de los que durante el día dieron su esfuerzo para conducir carros, pavimentar calles, amasar pan, trabajar metales, cocer ladrillos, barrer y fregar suelos, y que la vida fuera —para otros— más placentera, más tolerable y algunos bien vestidos pudieran sentarse a leer *El Imparcial* o *El Sol* en los cafés de la glorieta de Quevedo, por donde cruzaban los tranvías hacia Fuencarral, bordeada ésta de tiendas y de luces y a lo largo de la acera izquierda, los tenderetes de baratijas que los niños contemplablan a la altura de sus narices encendidas por el frío, como un sueño de la noche de Reyes, del que eran despertados por las manos rudas de los mayores que les llevaban hacia obligaciones ineludibles calle abajo, dejando a un lado el viejo Hospicio, cuya fantástica portada de piedra, columnas, flores, hojarasca, angelotes, estaba ahora cubierta de sacos terreros protegiendo un arte fastuoso tan diferente al triste edificio dentro del que los huérfanos sufrieron rigores de frío y disciplina, bien conocidos de los habitantes de aquel barrio en cuyas profundidades se ocultaba laboriosa y ardua vida en vecindad con tiendas de compraventa que visitaban periódicamente y en cuyos escaparates se mostraban los mantones de Manila o los cubiertos de plata que fueron el lujo de los venidos a menos.

Y en la calle de la Montera se vio a sí mismo de la mano de su madre y la perspectiva hacia Sol estaba ocupada por la figura de ella, fundida con las fachadas y las esquinas conocidas de forma que cada casa ante él era una madre bondadosa, algo reservada, con una sonrisa leve y distante, trayendo a su conciencia la certidumbre de que una ciudad puede ser una madre: pasan los años, estés o no ausente, y un día regresa el pensamiento a sus rincones acogedores, a lugares unidos a momentos de felicidad, de ternura, a las calles familiares por mil peripecias, plazas por las que pasaste temiendo algo o dispuesto a divertirte, desentendido de los barrios desagradables con perfiles inhóspitos que mencionó el hermano mayor cuando, al salir del refugio, echó una mirada que abarcaba todo y maldijo la ciudad que de un momento a otro iba a convertirse en campo de batalla, pero no obstante, por encima de sus palabras y la tragedia del momento, fluían los recuerdos acariciadores de la madre que conduce de la mano por calles seguras, pacíficas e interesantes hacia la Puerta del Sol, en la que se sintió identificado con el riguroso destino que ahora se cernía sobre todos, ineludible como era aceptar la verdad de lo que espontáneamente le dijo ella para venir a coincidir ambos en la decisión, tomada en distinto momento pero idéntica, de desechar para siempre la mezquindad de aquella forma de vida, la impronta vergonzosa de lo pasado y mirar de frente otras posibilidades como lo demostró al revelarle su pensamiento, una hora antes de la agonía, con un ligero apretón de dedos cuando la cogía la mano y se inclinaba hacia su cara, y ella le preguntó qué noticias había de los frentes y, como él callara, había mur-

murado en una voz apenas inteligible: "Si toman Madrid, matarán a todos", y al decir esto, con temor y esperanza de que así no ocurriera, dejaba entender que se sentía unida a sus orígenes humildes, aliada aún con los que en su niñez fueron parientes y vecinos y ahora eran desesperados defensores de los frentes, hombres iguales a los que, en grupos oscuros, vio marchar por la Carrera de San Jerónimo, con palas y picos al hombro, bajo la leyenda de los carteles pegados a las paredes "¡Fortificad Madrid!" e indirectamente ella había hecho mención a esas fortificaciones que ahora, con toda urgencia, se hacían para rodearla y defenderla con un círculo de amor, con un abrazo protector.

Atravesar la calle del Príncipe, y la calma de la plaza de Santa Ana, bajar por Atocha ahora sin coches ni tranvías, con personas apresuradas, cargadas de bultos, transmitiendo el miedo de que pudieran volver los aviones precisamente a donde él se encaminaba con la sensación de ir al lugar de un crimen, bordeando inmensos trozos de casas que habían caído sobre las aceras y de los que aún se desprendía olor a polvo; volutas de humo se alzaban de paredes ennegrecidas, de habitaciones cortadas por la mitad que descubrían su interior con muebles y cuadros que atraían el asombro de los ojos horrorizados al comprobar que así era la guerra: destruía, calcinaba y ponía terror en el corazón cuando llegó a Antón Martín, ante la casa, y se encontró con que donde estuvieron los pisos superiores estaba el aire y un gran vacío, y que la puerta la tapaban montones de vigas y de escombros y a través de algunos balcones aún en pie se veía el cielo, como un tejido agujereado por el tiempo y el uso.

De la riqueza que tanto habían esperado no quedaban sino restos inútiles; del orden, la simetría, la estabilidad de un edificio elegante y firme, la guerra sólo dejaba material de derribo sucio y confuso; la guerra únicamente daba caducidad y por años de vida e ilusiones entregaba con usura una experiencia sangrante, una forma de vivir que, vuelta la paz, no serviría para nada: la enseñanza de destruir o de esquivar la destrucción, saber que no se es aún un cadáver y a cambio, el soplo venenoso que para el corazón, asfixia, quiebra promesas y proyectos, pero la enorme hecatombe de la guerra también había servido para hacer posible una revelación que nadie sospechó y sólo un rato antes de empezar la agonía, como el que ya se atreve a todo lo reprimido y deja fluir con el aliento vital lo más hondo de su ser, mostraba que ella estaba identificada, quién sabe cuánto tiempo, con los que lógicamente eran sus iguales, los suyos, que ahora defendían la capital, a mitad fortaleza, a mitad débil organismo tal como fueron sus propios años femeninos.

La guerra también descubría que era un triste remedo de fortuna la posesión de un edificio cuyas viviendas se alquilan a quienes no podrán pagarlas y hay que obligarles con amenazas, y la elegante casa sólo rinde ese tributo mensual a la codicia de sus dueños, unida quizá a la satisfacción de pasearse por delante, echando ojeadas a su blanca fachada, y fumar despacio un cigarro habano, o quedarse inmóvil en la acera de enfrente entre familias desoladas, en las que faltaría algún miembro, y comprender entonces la otra, verdadera ruina de quedar sin hogar, la tortura de no saber dónde guarecerse y pasar las noches, peor que la intranquilidad de no poder pagar el alquiler, la herida de haber presenciado la destrucción de todo, el horror de la explosión y su estruendo y el estremecimiento de sobrevivir a aquella avalancha de muros y fuego en que se convirtieron los previstos ingresos saneados que permitirían una vida regalada por la que ellos se habían detestado y conciliado rencor y pretendido olvidar, lo cual era, ni más ni menos, renegar de sus vínculos, del eje de éstos en la figura materna y en las calles donde habían crecido y madurado, que ahora otros se aprestaban a defender fusil en mano...

Quizá a esta misma hora, cientos de obreros hijos de campesinos, braceros o técnicos industriales, estarían en las trincheras del Parque del Oeste, o al pie del Puente de los Franceses, o en la Casa de Campo, pegados a piedras o a débiles tapias desconchadas, inexpertos en el uso de armas, atentos a la muerte que aullaba en las balas invisibles. Como la madre, ellos sabían que su libertad estaba en juego, que siempre les sometieron interminables trabajos repetidos día tras día, de acuerdo con la convención de la obediencia y del salario, sin poder rebelarse ni renegar porque las costumbres, el buen parecer, el orden de una sociedad disciplinada, no se lo autorizaban y ni siquiera les estaba permitido que se expresaran claramente, ya fuese dentro del hogar, ya fuese con la huelga.

Así éramos entonces. Han pasado muchos años y a veces me pregunto si es cierto que todo se olvida; desaparecieron los últimos vestigios, sí, pero en un viejo barrio observo en la fachada de una casa la señal inequívoca del obús que cayó cerca y abrió hondos arañazos que nadie hoy conocería, y me digo: nada se olvida, todo queda y pervive igual que a mi lado aún bisbisea una conversación que sólo se hace perceptible si me hundo por el subterráneo del recuerdo, entre mil restos de cosas vividas y mediante un trabajo tenaz uno datos, recompongo frases, una figura dada por perdida, rehago pacientemente la foto rota en mil pedazos y recorro las calles que fueron caminos ilusionados de la infancia.

Todo pervivirá: sólo la muerte borrará la persistencia de aquella cabalgata ennegrecida que fueron los años que duró la contienda. Como es herencia de las guerras quedar marcados con el inmundo sello que atestigua destrucciones y matanzas, ya para siempre nos acompañará la ignominia y la convicción del heroísmo, la exaltación y la derrota, la necesidad de recordar la ciudad bombardeada y en ella una figura vacilante, frágil, temerosa, que a través de humillación y pesadumbres llegó a hacer suya la razón de la esperanza.

Hotel Florida, Plaza del Callao

Fui por la noche al hospital y la conté cómo había llegado el francés, lo que me había parecido, su energía, su corpulencia, su clara sonrisa, pero no le dije nada de cuanto había ocurrido unos minutos antes de que el coche de Valencia se detuviera junto a la acera y bajaran los dos, el representante de las fábricas francesas y el teniente que le acompañaba, a los que saludé sin dar la mano, explicándoles por qué y asegurándoles que la sangre no era mía. Para qué hablarle a ella —a todas horas en el quirófano— de ese líquido de brillante color, bellísimo aunque incómodo, que afortunadamente desaparece con el agua, porque si no ocurriera así, los dedos, las ropas, los muebles, suntuosos o modestos, el umbral de las casas, todo estaría señalado con su mancha imborrable.

Ella se interesó por lo que oía, y también se extrañó de que alguien que llegaba a la capital entonces fuera tan temerario cuando nadie podía prever lo que sería de uno a las pocas horas o si al día siguiente estaría en el quirófano y precisamente ella le pondría la inyección anhelada que da el sueño, la calma, el descanso, hasta que, para bien o para mal, todo termina. Y como ése era el destino de los que allí vivíamos, conté a los recién llegados lo que acababa de ocurrir y recogí del suelo un trozo de metralla y mostré, como prueba de lo que decía, el metal gris, de superficie cruzada de arañazos y caras mates; hacia este objeto informe y al parecer inofensivo, el extranjero tendió la mano, lo contempló, lo guardó entre los dedos y volvió a abrirlos para tirarlo, encogiéndose de hombros como indiferente a los riesgos de aquel sitio donde estábamos, gesto idéntico al que hizo cuando le propuse tener las conversaciones sin salir él del hotel, donde estaría seguro, pero no parecía dudar de ser intangible y tras su mueca de indiferencia, la primera entrevista la tuvimos en el despacho del comandante Carranza, repasando éste cifras y datos y escrutando las posibles intenciones ocultas del agente que, como tantos, pretendía ofrecer armas defectuosas, cargamentos que nunca llegarían, precios exorbitantes, hasta que le preguntó abiertamente sobre plazos de entrega. La respuesta inspiraba confianza por la simpatía que irradiaba aquel tipo, un hombre que entra en una ciudad sitiada, baja del coche mirando a todos sitios, divertido, aunque les habían tiroteado al cruzar Vaciamadrid, y propone ir a pie al hotel por la Gran Vía, un cañón soleado, tibio pero salpicado hacía unos minutos de explosiones de muerte, y como dos insensatos o unos alegres vividores, echamos a andar hacia Callao para que gozase de todo lo que veía —escaparates rotos y vacíos, letreros luminosos colgando, puertas tapadas con sacos de arena, farolas en el suelo—, muy diferente de lo que él conocía al venir de un país en paz, rico y libre, porque a nosotros algo fatal nos cercaba, pesaba sobre todos una inmensa cuadrícula de rayas invisibles, cruzando tejados, solares, calles, plazas, y cada metro de tierra cubierto de adoquines o ladrillos era un lugar fatídico donde la muerte marcaba y alcanzaba con un trozo de plomo derretido, una bala perdida, un casco de obús, un fragmento de cristalera rota, un trozo de cornisa desprendida, una esquirla de hierro rebo tada que atraviesa la piel y llega al hueso y allí se queda.

Más tarde él tampoco comprendió lo que iba oyendo a otras personas, comentarios en los sitios donde yo le llevaba, al mostrarle los barrios destruidos por las bombas o las ruinas del Clínico trazadas sobre un cielo irreal por lo transparente; le llevaba de un extremo a otro, del barrio de gitanos de Ventas a las calles de Argüelles obstruidas por hundimientos de casas enteras, de las tapias del Retiro frente a los eriales de Vallecas, a las callejas de Tetuán o a los puestos de libros de Goya, al silencio de las Rondas vacías como un sueño. Por ellas cruzaba Nieves camino de su casa, en ellas la había yo esperado muchas veces y visto avanzar hacia mí, encantadora en sus abrigos viejos o sus modestos vestidos de domingo que camuflaban tesoros que no se imaginaban, y desde lejos sonreía, o reía porque la hacía gracia que la esperase, y ahora, porque aquel tipo francés fuera tan exuberante, tan despreocupado, tan contradictoriamente amistoso cuando vivía de las armas, un hombre al que yo nunca podría imaginarme con una en la mano, e incluso tampoco papeles de oficina, presupuestos, tarifas como las que manejaba hablando con Carranza, queriéndole convencer de que los envíos se harían por barco, que no había posibilidad de incumplimiento, y para afirmarlo alzaba los brazos, gesticulaba. Cambió de postura, se levantó para dar unos pasos y coger un presupuesto, se acercó al balcón y, al mirar por los cristales dándonos la espalda, mientras nosotros seguíamos fumando, dejó escapar un sonido, un resoplar que bruscamente desvió nuestra atención, y aunque fuera una exclamación de sorpresa por los celajes malva y naranja que se cernían en el cielo a aquellas horas, me levanté y fui a su lado, casi como una deferencia o para recordarle que debía volver a sentarse y discutir.

En la fachada de la casa de enfrente, en su viejo color, en los balcones alineados geométricamente, uno estaba abierto y allí la figura de una mujer se vestía con toda despreocupación y se estiraba las medias a la vez que se la veía hablar con alguien.

Nos reímos o, mejor, carraspeamos siguiendo los movimientos de aquella mujercita empequeñecida, pero capaz de sacudirnos con la llamada de sus breves manchas de carne y el impudor de separar las piernas para ajustarse la braga, con lo que nos tuvo sujetos unos segundos hasta que de pronto volvió la cara hacia nosotros, mientras ejecutaba los conocidos y sugerentes movimientos de todas las mujeres al vestirse, y nos miró como si hubiera recogido el venablo ardiente de las miradas porque con desfachatez nos saludó con la mano y siguió metiéndose la blusa, espectáculo un poco sorprendente pero que para él no era así porque lo creyó propio del clima cálido y de la alocada vida de guerra y cuando quise convencerle, no pude.

No comprendía dónde había venido; hubiera sido conveniente imbuirle la idea de que bastaba trazar un cuadro sobre el plano, con un ángulo en Entrevías, otro en las Sacramentales, junto al río, otro en la tapia de la Moncloa y el cuarto en la Guindalera, y lo que allí quedaba encerrado era puro dominio de la muerte incompatible con su osadía tan impropia de nuestra ciudad, ciudad para unos sombrío matadero y para otros fortaleza defendida palmo a palmo, guarnecida de desesperación, arrojo, escasas esperanzas.

Un lugar así era el lugar de la cita, el menos oportuno, al que sin falta había de acudir, según la orden de Valencia que indicaba la esquina de la Telefónica y Hortaleza para esperar al coche, sin ha-

berse parado a pensar si acaso sería un vórtice de
los que en toda guerra, sumen lo vivo y lo destru-
yen, parecido a un quirófano, me dijo Nieves cuando se lo conté, y ella sólo tuvo curiosidad por el francés, atraída —tal como pensé más tarde—, por ser
lo opuesto a lo que todos éramos en el 38, tan opuesto a lo que ella hacía en el hospital, a las esperas
en el refugio, a las inciertas perspectivas para el
tiempo venidero.

Por eso les presenté cierto día que, con el
pretexto de mostrarle un centro sanitario, le hice entrar y ponerse delante de Nieves, que se quedó asom-
brada de lo bien que pronunciaba el español y de su
apretón de manos y con cuánta cordialidad le preguntó por su trabajo y por su vida, que entonces se
limitaba a las tareas de enfermera, hasta el punto
de que muy contenta nos invitó y nos llevó a las
cocinas y habló con una jefa y nos trajeron unas tazas
de café, o algo parecido, que nos bebimos los tres
saboreándolo, charlando de pie entre los ruidos de
fregar las vajillas.

Miraba fijo a las muchachas que iban en el
Metro o por la calle; lo mismo parecía comerse a
Nieves con los ojos, de la misma manera que se había inclinado hacia las dos chicas la tarde en que
llegó, cuando íbamos hacia el hotel Florida y delante de los cines aparecieron dos muchachas jóvenes;
paradas en el borde de la acera, reían por algo que
se cuchicheaban, ajenas a lo que era un bombardeo,
con los vestidillos repletos de carne, de oscilaciones
contenidas por la tela, las caras un poco pintadas
en un intento candoroso de gustar no sé a qué hombre si no era a nosotros dos mientras ellas corrían
a un portal... Como algo unido estrechamente a un
pensamiento suyo o a lo que acabábamos de hacer,
al salir del hospital me contó que había descubierto
en su hotel una empleada bellísima, que iba a bus-

car un pretexto para hablarla e incluso proponerla
salir juntos u ofrecerle algo y me preguntaba a dónde ir con una mujer y qué regalo hacerle, a lo que
no me apresuré a contestar porque estaba pensando
en el hotel, en el *hall* donde nos habíamos sentado
la tarde de la llegada y habíamos contemplado a los
que entraban y salían, periodistas extranjeros, anti-
cuarios, traficantes de armas, reporteros traidores, espías disfrazados de demócratas, falsos amigos a la
caza de cuadros valiosos, aves de mal agüero unidas
al engaño que es negociar las mil mercancías que son
precisas en las guerras. Pensé en ellos y no en el
agente ofreciendo flores a una mujer, porque si me
hubiese venido esa imagen a la cabeza habría previsto —con la facultad que en aquellos meses te-
níamos para recelar— algo de lo que él a partir de
ese momento me ocultó, aunque no fue sólo él, porque a los dos días, cuando vi a Nieves, ella me habló con elogio del francés, pero no me dijo todo
o, concretamente, lo que debía.

Yo no desconfié porque demorase la marcha; unas veces alegó estar preparando los nuevos
presupuestos, e incluso vino un día a la oficina para
usar la máquina; otras, que iba a consultar con París por teléfono y esperaba la difícil comunicación,
agarrándose a esos motivos para que los días pasasen
y pudiera estar conmigo o solo, vagando por las calles, según pensé atribuyéndole iguales deseos que
yo tendría en una ciudad cercada y en pie de guerra.
Otras curiosidades llenaban los días del francés, distraído de la ciudad devastada que a todos los que en
ella vivían marcaba no en un hombro, como a los
siervos en la antigüedad, sino en el rostro, de forma
que éste iba cambiando poco a poco y acababa por
extrañar a los que más nos conocían.

Envejecerle la cara, no, pero sí reconcentrar
el gesto igual que ante una dificultad, sin que yo

supiese cuál era, hasta que un día me confesó que había buscado a la mujer que vimos medio desnuda en el balcón, a lo que sonreí en la confidencia, sobrentendiendo la alusión que hacía, pero incapaz yo de percatarme de que poco después me habría de acordar de aquella aventura suya propia de un tipo audaz y mujeriego, y la tendría presente pese a su insignificancia. Eran meses en que cualquier hecho trivial, pasado cierto tiempo, revelaba su aspecto excepcional que ya no sería olvidado fácilmente. Como Nieves no olvidaría la tarde en que tomamos el café en las cocinas porque cuando me dijeron en el hotel que el francés no había vuelto desde el día anterior, ya había visto en ella señales de inquietud que procuraba disimular, pausas en las que se distraía mirando algo, y la misma movilidad de las manos que, sin quererlo, la noté, como muchos días antes había advertido en las de Hiernaux al coger la esquirla del obús. Luego me había acompañado en recorridos por muchos sitios, vio las casas rajadas, de persianas y balcones reventados, las colas de gente apiñadas a cualquier hora a la espera del racionamiento, los parapetos hechos con adoquines por los que un día saldrían los fusiles, disparando, presenció bombardeos, las manchas de sangre en el suelo, las ambulancias cruzando las calles desiertas, el rumor oscuro del cañoneo lejano, pero nunca nos habíamos vuelto a hablar de aquella tarde, de lo que había ocurrido unos minutos antes de bajar él del coche: un presagio indudable.

Llegó el momento de la partida, resuelto el pedido de las armas, y exactamente la última tarde nos despedíamos delante de los sacos terreros que defendían la entrada del Hotel Florida, nos estrechamos la mano conviniendo que sería muy raro que nos volviéramos a encontrar y me daba las gracias con sus palabras correctas.

Junto a nosotros notamos una sombra, una atracción y al volver los ojos vimos una mujer andando despacio, alta y provocativa, midiéndonos de arriba abajo con desplante de ramera, en la que coincidían las excelencias que el vicio ha acumulado por siglos en quienes a él se consagran; paró a nuestro lado y saludó a Hiernaux y éste me hizo un ademán de excusa porque efectivamente la depravación de la mujer, la suciedad y abandono del vestido y el pelo largo echado por detrás de las orejas requerían casi su excusa: él sólo me dio un golpecito en el brazo y se fue con ella por la calle de Preciados andando despacio, con lo que yo pude admirar el cuerpo magníficamente formado, el equilibrio de los hombros y las caderas terminando en pantorrillas sólidas: en algo recordaba a Nieves, en las proporciones amplias y macizas. Y esa relación que insistentemente establecí arrojó un rayo finísimo de luz en mi cabeza, y mientras que pasaban horas sin que supiéramos del francés, la borrosa imagen de los sentimientos de Nieves iba perfilándose en la única dirección que a mí me importaba: nunca me había querido, porque transigir y aceptar no era querer, y mi obstinación no conseguía cambiar su natural simpatía, su buen humor, en algo más entrañable; no lograba arrebatarla aunque su naturaleza fuese de pasión y entrega.

Extrañado, me fui al Florida y le esperé en el *hall,* pero mis ideas giraban en torno a Nieves; sentado en una butaca, viendo pasar hombres que hablaban idiomas extranjeros y a los que odié como nunca, sólo pensaba en él cuando la carnosidad de Nieves me evocaba su encuentro con la prostituta: estaría con ella, se habría dejado vencer en su decisión de marchar y pasaría horas en alguna alcoba de la vecina calle de la Abada, descuidando compromisos y perdiendo el viaje como fue incuestionable al dar las dos y media de la madrugada y marcharme sin que él apareciera.

Al día siguiente, el teléfono me reveló toda la excitación de Nieves, su intranquilidad cuando le conté la desaparición, su enfado al saber el encuentro con la prostituta, y de pronto estalló contra él, insultándole no como a un hombre que se va con mujeres, sino al que está imposibilitado de gustar de ellas. El hondo instinto que increpaba en el teléfono me ponía en contacto con la intimidad de Nieves mucho más que meses de tratarla, de creer que oía mis confidencias y compenetrarme con ella: era la confirmación absoluta de lo inasequible de su afecto.

Pasaron unos cuantos días sin saber nada de él y sin ir yo tampoco al hospital, sin buscarla, pues todo intento de reparar su revelación no serviría para nada, y hastiado, hundido en incesantes pensamientos, me pasé el tiempo en el despacho sin preocuparme de otra cosa que no fuera fumar y aguardar una llamada del SIM cuando le encontrasen, importándome muy poco lo que ocurriese fuera de aquella habitación, ni guerra ni frentes: todo había perdido su lógica urgencia menos la espera enervante, porque me sentía en dependencia con la suerte de aquel hombre, por conocer yo bien la ciudad alucinante donde había entrado con su maletita y su jovialidad. Aunque dudo de si somos responsables del futuro por captar sutiles presagios destinados a otras personas a las que vemos ir derechas a lo que es sólo augurio nuestro, como aquel del obús que estalló en la fachada de la joyería y extendió su saliva de hierro en torno suyo hasta derribar al hombre cuyos gritos me hicieron acudir y ver que la cara estaba ya borrada por la sangre que fluía y le llegaba a los hombros; le arrastré como pude hasta la entrada del café Gran Vía, manchándome las manos igual que si

yo hubiera cometido el crimen, y la acera también
quedó con trazos de vivo color rojo que irregular-
mente indicaban de dónde veníamos, y a dónde debía yo volver impregnado de muerte en espera de
unas personas a las que contagiaría de aquella epide-
mia que a todos alcanzaba.

Por eso, cuando me avisaron por teléfono de
lo que había ocurrido, no me extrañó, sino que pensé en los destinos cortados en pleno camino y deja-
dos con toda la fuerza de su impulso a que se pier-
dan como los fragmentos de una granada que no en-
cuentran carne en su trayectoria.

Así fui yo dos días antes por la calle, a tomar el Metro y a procurar aclarar algo con Nieves,
pero cuando la telefonista la buscó no la encontró
en todo el hospital y se sorprendía, tanto como yo
me alarmaba, de que hubiese abandonado el trabajo
sin advertirlo, porque nada había dicho en la casa
y la madre me miraba sin llegar a entender mi pregunta cuando fui allí por si le había ocurrido una
desgracia.

Pese a su furia por teléfono, claudiqué y una
tarde, en el vestíbulo del patio, a donde solían entrar
las ambulancias, volví a encontrarla callada, hosca y
evasiva; fue suficiente que la preguntase por él para
que un movimiento suyo, apenas contenido, con la
cabeza, me hiciera insistir buscando las palabras, ex-
plicándole que la policía estaba sobre el asunto y que
pronto le encontrarían y que pronto se aclararía su
desaparación que era sospechosa, o muy natural por
su falta de precauciones y su convencimiento de que
no había peligro. Acaso él esperaba únicamente los
riesgos tradicionales de la guerra y no se guardó de
otros; de ésos exactamente yo debí prevenirle: no
sólo de los silbidos de las balas perdidas, sino de
otras formas de muerte que le acecharían y que una
voz nerviosa me anunció por teléfono, sin que yo

me asombrase porque sabía lo que me iban a decir,
y así fue: le habían encontrado acribillado a puña-
ladas en el sitio más inesperado, al borde del Cana-
lillo, por la Prosperidad, ya medio descompuesto,
cubierto de moscas e insectos, y ahora los agentes
de la comisaría de la calle de Cartagena estaban ató-
nitos, sin entender cómo un extranjero había llegado
hasta allí, máxime cuando aún conservaba en los
bolsillos el dinero, los documentos, la pluma, lo que
era de difícil explicación, pensaba yo según iba al
depósito de Santa Isabel, si nos veíamos obligados
a justificar por qué había muerto, por qué estaba
allí extendido, pestilente, del que aparté la mirada
en cuanto le reconocí y me detuve en los objetos
alineados junto a él. Mientras contaba quién era
aquel hombre, reparé en una Cruz Roja nítidamente
trazada en un botoncito de solapa que como adorno
solía llevar Nieves en el abrigo.

Para mí fue un cuchillo puesto en la garganta. Me callé, pensé en todo aquel desastre que se nos
venía encima y ella, en medio del remolino, interro-
gada, asediada a preguntas, quién sabe si hablaría
de paseos por barrios extremos o del bisturí con su
funda dorada que como juego llevaba en el bolso...
Pese a todo, la quería como a ninguna otra, esqui-
va, inconquistable; la culpa era de la guerra, que
a todos cegaba y arrastraba a la ruina.

10 de la noche,
Cuartel del Conde Duque

El pensamiento se fue hacia el color de la piel iluminada por las llamas, hacia los detalles de aquella hora larga al pie del horno. Sería difícil olvidar todo lo que había aprendido de lo que puede ser el amor: la blandura de la espalda, el roce de los cuellos, la carne fría de las rodillas, el peso de los miembros extendidos sobre el cuerpo, cómo a veces éste parecía transparente e irisado y otras negro y abismal, mancha oscura en la que se habían rastreado con la boca los sitios más suaves, siempre una manera nueva de poner los labios en los hombros o en el mullido cojín del estómago, cuerpo inagotable sobre el que se desfallece a punto de caer muerto y precipitarse en la nada, de donde se resucita para al instante reintegrarse al mundo y a sus quehaceres, en medio de los cuales se presenta súbitamente la imagen del amor y pone su mano caliente en el recuerdo y de allí desciende por los canales más vitales y se extiende en íntimo gozo que hasta puede obligar a una ligera sonrisa o dar a los ojos la mirada suavemente velada por la añoranza. En los lugares más impensados se presenta la fuerza que pervive en el pensamiento, entre otras instancias más ásperas e inocuas, entre triviales objetos o lugares tan ajenos y diferentes a la pasión de las bocas unidas y los cuerpos enredados, pensamientos que llegan en momentos inadecuados, de noche o de día, al encender las bombillas cubiertas por unas pantallas de papel para evitar que su mortecina luz pudiera verse en el exterior, en la calle, de donde había desaparecido, con la llegada de la noche, todo atisbo de iluminación, salvo el esplendor difuso que daba la nieve; entonces se fueron aminorando las conversaciones en el vestíbulo, se redujo el paso de soldados por la escalera, fueron cesando los ruidos en las habitaciones del primer piso; no bien el comedor quedó vacío y los cubiertos, platos y vasos, con su entrechocar estridente, quedaron quietos y lavados en los armarios, y las cocinas, tan visitadas y activas durante el día, durmiendo vacías y oscuras, vibró en el patio un cornetín de órdenes.

Después sobrevino una calma aún mayor y los párpados de los pocos que bajaban las escaleras pesaban como el plomo y, aun cuando se llevaban la mano a la frente y a los ojos, no podían vencer aquel deseo de recostar la cabeza y dejar que todos los pensamientos cayesen y sólo quedase una tierna y serena oscuridad en la mirada para que los miembros agotados se aliviasen de la fatiga que penetraba hasta los huesos.

Cuando los pasos del centinela fueron el único ruido, y el eco aumentaba la amplitud del vestíbulo y parecía que el pesado tiempo con que la noche iba apoderándose del dominio de los hombres y colocando sus dedos en cada objeto para acrecentar su natural sombra y ocupar su dimensión y convertir aquellos contornos en una extensa amalgama en la que sólo se destacaban los pasos del centinela que incansablemente se paseaba de un lado a otro de la puerta, pisando la nieve gris de la acera, entonces un hombre con largo gabán y boina encasquetada hasta los ojos apareció ante la puerta e hizo una seña al centinela, que respondió afirmativamente con la cabeza, tras lo cual el hombre se alejó por la acera escurriéndose en la nieve deshelada, pero no obstan-

te caminó de prisa y dobló la esquina del enorme
edificio, ahora cerradas todas sus ventanas, un bloque inerte flanqueado de tapias al comienzo de las
cuales se abría un pasadizo por cuya oscuridad pas-
tosa entró.

Chistó y en respuesta oyó unos roces y entre las sombras una persona se acercó a él y le tocó;
él también extendió los brazos y sujetó un cuerpo
bajo ropas gruesas que daban su peculiar olor, y así
agarrados, como dos cojos o ciegos que se quisieran
ayudar, salieron a la calle bañada por un resplandor
lechoso que subía de la nieve y bajaba del cielo claro
a pesar de ser noche cerrada.

Delante de la puerta se detuvieron, el centinela echó una ojeada al vestíbulo y les hizo una
señal, con lo que la pareja entró casi corriendo y se
dirigieron a una puerta pequeña visible junto a la
escalera. Por ella pasaron a una nave y luego fueron
a lo largo de un corredor flanqueado por patios, de
donde entraba una claridad borrosa que sólo permitía ver las paredes y grandes manchas negras de
puertas cerradas. La pareja llegó a una que estaba
al final, pasó por ella y encontró una escalera totalmente a oscuras cuyos escalones bajaron tanteando,
y por primera vez murmuraron unas exclamaciones
sujetándose uno al otro y rozando el suelo con los
pies para comprobar dónde terminaba la escalera y
empezaba un pasillo estrecho por el que avanzaron
hasta una puerta que abrieron con llave y tras la
que había habitaciones con ventanucos, gracias a los
cuales pudieron ver el camino que debían seguir.
Tres escalones les llevaron a una nave en la que
brillaban unos puntos rojizos y una suave bocanada
de calor y de olor dulce les dio en la cara según se di-
rigían —pasando entre sacos y leños alineados—
hacia los hornos aún encendidos con brasas y res-
coldos, cuyas compuertas el hombre abrió para que

su luz les iluminase y el calor se esparciera. Cerca, los estantes, las artesas para amasar el pan, las mesas, y encima de una, un gato que les contemplaba con recelo, y montones de retama de las que él cogió unas cuantas para meterlas en los hornos y que se prendieran y las llamas dieran más luz. Entonces se volvió hacia la mujer, la cogió un pellizco en un carrillo y soltó una carcajada. Ella se echó para atrás, también rió y cuando él se quitó el gabán y lo extendió en el suelo, delante del horno, aumentó sus risas y sus gestos y no opuso resistencia al empezar él a desabrocharle el abrigo y luego, aunque las manos no estaban muy seguras, a desatarle un cinturón blanco que cruzaba el color verde del vestido, pero ella, con movimientos metódicos, se quitó éste y como un pez salió de él, y se desprendió de otras prendas de vestir dispuestas de tal forma, por ella o por una técnica generalizada que preveía este momento, que cayeron al suelo acompasadamente. Y así desnuda se acercó a la boca del horno para calentarse y tomar el color rojizo de las llamas que se apoderaban de las retamas con sus diminutos crujidos y chisporroteos, aunque allí estuvo tan sólo unos segundos, porque el hombre la dio unos manotazos y la abrazó y sujetó los labios en su boca, y así quedaron un rato, sacudidos por estremecimientos que estaban a punto de hacerles caer. Pero no caían, sino que parecían sostenerse mutuamente y daban unos pasos vacilantes o se ladeaban y seguían aferrados en un abrazo estrecho que daba su resuello de pechos anhelantes, hasta que en el silencio que les rodeaba oyeron un lamento del gato y se volvieron hacia él y se desprendieron lentamente, aunque se quedaron con las manos sujetándose por los antebrazos y en esa postura, vueltos del fondo de aquella tensión aún con los ojos medio cegados, vieron al gato erizarse, tenso el lomo y los bigotes, bufando con expresión de terror en su pequeño rostro de redondos ojos.

Al verse contemplado, el gato huyó y la pareja regresó a su contacto; esta vez hubo un forcejeo y ambos quedaron arrodillados sobre el abrigo, los cuerpos volvieron a entrechocar y tambalearse bajo el látigo sangriento del fuego cercano que clavaba sus briznas centelleantes en la piel tersa.

De nuevo el gato maulló junto a ellos, pareció amenazarles, acechándoles dispuesto a saltar. El hombre agitó las dos manos, dio una palmada y el animal desapareció entre las mesas, pero su bufido se escuchó aún; la pareja volvió a cogerse y tornaron a su prolongado abrazo, aunque las caras seguían vueltas hacia las zonas de incierta oscuridad por donde había huido el gato. Y sus lastimeros aullidos se oyeron en la profundidad de la nave, teniendo a veces un timbre parecido a la voz de un niño o de una mujer, y ese murmullo llegó a ocupar el espacio tranquilo y fue el eco del lamento de una víctima horrorizada o de una persona perdida y suplicante, al recoger una sorprendente gama de tonalidades. La pareja seguía los movimientos del animal: las caras serias y los ojos atentos a los inesperados saltos o correteos, como si de ellos dependiera su proceder, aunque el gato, desde que maulló la primera vez hasta la última que le oyeron entre las mesas y la oscuridad del fondo de la nave, apenas estuvo presente unos minutos, tiempo escaso para alterar la intimidad y el ardor que parecían asegurados por las precauciones tomadas. Pero la verdad es que aquella vocecilla, ni humana ni completamente animal, había hecho algo que sólo un impulso natural poderoso podía lograr al contrarrestar la tensión, casi desesperada, del amor. Porque esta tensión parece que se pone virtualmente en marcha en el momento que entra en la conciencia la posibilidad de darle satisfacción, y un primer paso de su logro real es saber que habrá, esperando a la pareja, un lugar apartado, solitario, tibio, acogedor donde encuentre refugio y seguridad para aquellos minutos de mutuo abandono y distensión. Y precisamente éstas eran las cualidades que reunía la panadería del cuartel, tal como aquel amigo me había explicado y yo, días después, lo había comprobado, yo mismo para evitar sorpresas, y en verdad que aquel rincón de la ciudad húmeda y helada parecía ser de una comodidad extrema, y mi certidumbre fue tan absoluta que no dudé en planear la cita y paladear el sosiego con que podría entregarme allí al amor en el mismo sitio en que mi amigo estuvo.

Encendí la linterna y con su luz recorrí la nave: las mesas, los estantes, sacos y leños apilados, las ventanas cerradas y al fondo los dos hornos brillando en la pared de ladrillos ennegrecidos. Cerré con llave y ella se volvió hacia la puerta, pero yo la estreché contra mí y la llevé hacia los portillos, donde aún parpadeaban brasas de un rojo claro, cerca de los cuales el frío desaparecía y una corriente de templanza daba en la cara y en las manos. Les eché unos troncos pequeños y en seguida la llama se alzó y prendió otra vez; ante el horno, la claridad aumentó y descubrió las cosas y a ella rígida, atenta al fuego, fija en él. De las heladas naves del cuartel habíamos pasado a una noche de verano, y entonces ella comprendió por qué la llevaba allí y buscaba como aliado el fuego y su templanza enervante, el chasquido de alguna rama, el suave abrazo del ardor, contemplando las llamas que poco a poco iban conquistando los troncos y transformando en otra materia las cortezas rugosas.

Eché mi gabán en el suelo delante de las bocas de los hornos y despacio, con toda suavidad, aparentaba calma; fui a desabrocharla el suyo, pero ella me dio un empujón y se cruzó de brazos dispuesta a no ceder. La sujeté las dos manos y pude comenzar la lenta operación en que muchos hombres han fracasado por precipitación y falta de tenacidad para que un botón salga de su ojal o una cinta pase por donde parece que no puede; todo lo que requiere cinco, diez minutos, el tiempo que sea, y saber esquivar algún golpe traicionero o uñas que avanzan hacia las pupilas. Despacio, la ropa va cayendo al suelo sin que se rompa por completo y las fuerzas de la que lucha desesperadamente van siendo cada vez menores.

Cuando el esplendor de los pechos, en vano cubiertos, fue iluminado por las llamas, me di por compensado de todo y pensé que acaso aquella mujer era la primera que yo deseaba intensamente, por su misma negativa, distinta de las complacientes mujeres que solía buscar en la calle de las Naciones, negativa que venía a retrotraerme a mi adolescencia, en la que soñaba con un ideal maravilloso y subyugante, que no podría explicar con palabras porque nadie lo entendería, aun buscando largamente las palabras y los parecidos. Las buscaría y ninguna daría clara idea de lo que sentí al ver su cuerpo encogido, echado sobre su abrigo como una mancha encarnada y negra a la luz del fuego; no podría decir qué calidad tenía, qué expresión de belleza asombrosa, y a la vez una fisonomía demacrada, con ojos mortecinos y de mirada distraída, como si estuviera pensando en algo que no tuviera relación posible con aquellos minutos, o acaso bien podría ser que hubiera descubierto algo aquella noche, pese a lo insólito de la situación, acaso un contacto más afortunado que para ella fue revelador —como cuando se abrazan los muslos para besar el vientre—, capaz de dar una exaltación que no es exclusivamente física, sino una segunda naturaleza que viniera a invadir todo el cuerpo, porque tú mismo decías que la notaste una distensión a lo largo de las piernas y en el torso, hasta el punto de que toda ella se arqueó en una postura que te parecía muy forzada, casi inaudita, pero de una gran sugerencia, de una belleza arrebatadora que te compensaba de los riesgos y vejaciones que habías sufrido no ya toda tu vida de amores prohibidos, sino a lo largo del helado corredor y de la escalera maldita que era igual que una trampa, y también del oscuro pasillo y habitaciones inmundas que forzosamente había que atravesar para llegar al lugar deseado, como siempre ocurre, pues cualquier deseo conseguido lo ha sido a costa de sufrimientos y sinsabores, de manera que cuando lo alcanzamos —ya sea dinero o poder o vanidades o sencillamente un cuerpo joven— llega tarde e incluso fatiga por lo que se ha hecho esperar y lo miramos con rencor, y como tú bien dices, las vejaciones son debidas a esta oscura ley de la vida, que nos trastoca los deseos más necesarios y nos retrasa aquello que no sólo nos hará felices en el momento de gozarlo, sino que estimulará beneficiosamente, porque todo placer incrementa a quien lo recibe y le une a la vida y le enriquece. Pero esa ley que impera y se entreteje con las existencias humanas, aunque permita al hombre gozar de algo en su debido momento, le exige a cambio una cantidad desmesurada que debe pagar y esta explotación es causa del odio que brilla en los ojos del que está alcanzando algo querido, motivo más que suficiente para que caminar por los pasillos del inmundo cuartel fuese una interminable serie de patadas, empujones, mutuo desprecio, insultos de los que nunca caen en olvido, vergüenza para ambos, y la mayor vergüenza era que ambos os erais necesarios o casi imprescindibles, a ella porque, al faltarle los señoritos del Casino que la mantenían, sólo te tenía a ti,

y a ti porque la necesitabas desesperadamente, pese a su abyección, pese a todo, y no lo olvidemos,
pese a que si te descubrían, allí mismo os hubieran
pegado un tiro a cada uno, así que era cuestión de
vida o muerte, algo muy grave y serio, porque si os
encontraban, allí mismo, sin esperar nada, os matan
a tiros.

Y eso tú lo sabías y, no obstante, fuiste allí,
entrando en un cuartel cuando las vidas de los hombres eran una moneda despreciada, cuando la orden
no era el amor, sino la cruel obsesión que da la guerra a los hombres condenados a su servicio. Lo único
que contaba a tu favor era la hora: un reloj había
dado las diez y el sueño fue entregando a cada uno
su fabulosa felicidad; una gota en cada ojo daba
fin a las furiosas pasiones, a los estremecedores presagios que a todos oprimían, y remansaba las rígidas decisiones y un estado de pureza se posesionaba
de los oficiales en sus catres, de los soldados en sus
jergones, y les mudaba en otros hombres, más sin-
ceros y de mayor benévola comprensión.

Nubes de polvo y humo

—Los odio, sólo pienso en matarlos, para no verlos más, para no tener que escucharlos, igual me da que sea una bomba que aplaste todo o un veneno, una cocción de hierbas, una mezcla de zumos y cristal machacado que pasa al paladar, fluye en la garganta, baja ya incontenible a donde debe y allí se encarniza y sólo hay que vigilar la palidez del rostro, el sudor de las manos, la voz temblorosa, y no era tan difícil, porque la repugnante cosa que envolvía el pañuelito era un trozo de su cuerpo y bien podía clavarle alfileres, hacerle morder pastillas de sublimado que se renuevan cada día según los dientes van tomando un color verdoso que anuncia el final cercano; ella se debilitaría a pesar de médicos y medicinas y un día, porque entre los dientes se ha puesto un papel encarnado con letras negras que dicen "muere", todo habría terminado.

Bajaba la cabeza para hundir su mirada en el suelo igual que si buscara los instrumentos mortales de que hablaba y la tensión de haber bebido mucho o acaso la fiebre entorpecía las últimas palabras, y el soldado aprovechó la pausa para preguntarle a quién quería matar, pero en seguida tuvo la respuesta de que si todos mataban, ¿por qué no iba a poder ella hacerlo? También los soldados, en aquel mismo instante, estaban matando a otros infelices, que ni siquiera conocían, y eso parecía bien a todo el mundo, matarse como perros, y variando el tono de la voz empezó a decir que ella sabía cómo hacerlo sin que se enterase nadie porque se lo había explicado la curandera de su pueblo, la que le daba un bebedizo para un muchacho que a ella le gustaba y no la hacía caso, y la tranquilidad con que habló contrastaba con la sirena de unas ambulancias y los gritos de una mujer desde un balcón, vociferando entre el polvo espeso que se movía en la calle igual a una gigantesca masa de algodones sucios.

Estaban los dos muy juntos, respirando polvo de ladrillo machacado y cal, tosiendo, con las cabezas agachadas, totalmente ausentes de la última explosión y de lo que ocurría a unos metros de distancia, atentos ambos a la conversación, único centro de interés, pero él la interrumpió para decirle que matar, a quien quiera que fuese, era un castigo muy grande que se imponía, sólo comprensible si ella se odiaba a sí misma mucho.

—He de matarlos, como sea, ya he sufrido bastante, no puedo soportar por más tiempo depender de su mala intención, y súbitamente enfurecida alzó la cabeza altiva y el soldado percibió su belleza y su juventud, hacia cuyos atractivos quiso avanzar, y la replicó que él no gozaba matando, pero que si era soldado tenía el deber de ir al frente, porque se lo habían pedido y no iba a matar expresamente, sino a disparar apuntando lejos, a montones de tierra o parapetos: yo no mato, sólo disparo, y si mi bala destroza una cabeza, será el destino de aquel hombre que yo, ciegamente y sin culpa, estoy cumpliendo.

—Y si tiras una bomba, ¿no es tu mano la que regará de heridas un ancho redondel?

—Yo no quiero matar, quiero que todos vivan, pero, antes que nadie, quiero vivir yo y ser feliz y los míos; por eso deseo que vuelva en seguida la paz, igual que había dicho cuando salió de su casa y, cruzando el patinejo que la separaba de la calle, había alzado los ojos al cielo y vio la columna de humo, recta hasta gran altura, anunciando que la fábrica de velas trabajaba y, por tanto, se dispondría de luz las noches que faltase la corriente, y el corazón se le llenó de alegría como si hubiera acabado la guerra, porque la chimenea daba su humo de trabajo, de productos traídos de lejos, calor de brasas, el ingenio de las mezclas y el esfuerzo de echarlas en los moldes, y eso era luz en las casas cuando al cenar lo poco que hubiese todos se reunían en torno a la mesa, precisamente el lugar donde se había acordado que él fuera al frente, resolución tomada hacía meses y ahora, siguiendo su curso lógico, las botas, la mochila con algo de ropa, la manta enrollada, esperaban en el suelo junto a la puerta, único equipaje de un emigrante que se encamina a la senda de la esperanza y del deber, porque a su espalda yacía, en forma de personas o planes, todo su futuro y debía defenderlo. Acaso abrazaba a los suyos por última vez —quién sabe si una bala venía hacia él, pasando semanas en su veloz carrera hacia el cuerpo hacia el que estaría destinada fatalmente—, y esta noción le hacía apreciar aún más la templanza de la casa, el olor de las ropas usadas, de los guisos que se habían sucedido en el fogón, la vista de objetos y humildes muebles unidos a su vida de niño y de muchacho.

Al terminar las despedidas emprendió la larga caminata hasta el cuartel del Conde Duque, por callejas sin urbanizar, entre solares donde soplaba el frío del invierno y ahora las tolvaneras de los calores de agosto, y cuando entró en el barrio de Vallecas, camino del Metro, le pareció oír a lo lejos la voz del vendedor de periódicos, un grito sin modular que anunciaba que bajo el brazo llevaba los diarios y los ofrecía al pie de las farolas encendidas, pero tal cosa era imposible, porque hacía meses que aquel hombre había muerto en el frente de la sierra, y ahora las farolas no se encendían y, sin embargo, tuvo la sensación de que oía aquella voz conocida tantos años: lo que parecía un augurio mortal fue para él aviso de que alguna vez volverían los días tranquilos y, olvidada aquella guerra cruel, pasearía por calles iluminadas y podría comprar el periódico y cruzar un saludo con el vendedor, todo ello sin relación alguna con las palabras de cólera que estaba escuchando, de reconcentrada furia, dichas como una letanía a un dios vengativo de inerme piedra y ojos de zafiro que exigiera odio, dispuesto al castigo si no llegaba hasta él la salmodia entrecortada:

—Me despierto y dentro de la almohada escucho: ¡mátalos!, y en sueños alguien me lo dice, y durante el día pienso: debo matar, y espero que caigan muertos allí mismo.

—¿Por qué pones esos ojos de loca? Una muchacha joven como tú, ¿por qué hablas de matar? ¿No te das cuenta que todos los que quieren matar lo que de verdad intentan es matarse a sí mismos, matarse para poner fin a venganzas, a miedos, a desesperaciones que no pueden vencer? Engáñate si quieres, pero la verdad es ésa, ¿qué te importan los demás si lo único que te interesa y te angustia eres tú misma?

—¿Por qué voy a resignarme más tiempo? A veces les miro y no les conozco, tan torpes, tan dominantes, sin saber dónde ir porque no tienen nada que hacer, salvo comprar más tierras, con ojos vidriados del que ha terminado de ver, ennegrecidos por el entrecejo de los que cuentan billetes y miran de reojo por encima del hombro en su incontenible desconfianza, que les hace decir que a los hijos no les está permitido tocar el dinero que reunieron, pues no lo han incrementado y deben pagar

caro lo que desean y, como nada tienen, se les cobra
en libertad, en albedrío, en obediencia.

—¿A quién quieres matar? ¿Quiénes son?
¿Alguien de tu trabajo, o nosotros, los republica-
nos?, como si los soldados jóvenes que disparaban
en los frentes fueran responsables de algo ante aquella mujer a la que sus propios pensamientos exaltaban y la hacían murmurar con altanería la sorda
desesperación, la ira contenida en largas noches de
rencor.

—Noches y días de sometimiento, de humillación, a la espera de que cayesen muertos, siempre con sus enfermedades, ella no cesa de darme
instrucciones de cómo llegar a casa de la echadora,
repitiendo lo que debía decirle sobre sus dolores
y sobre las hierbas que había de tomar, y para que
pudiera predecirlo con seguridad le dio aquello, que
envolvió en un pañuelito, y se lo puso en la mano
a la vez que la empujaba hacia la escalera por la
que tantas veces había subido y bajado resignada.

La guerra es una maldición, una desgracia
para todos, ni uno escapa al estremecimiento de contemplar destrucciones, cuerpos sin vida arrugados
en la ropa manchada de un soldado caído de bruces
en tierra de nadie que allí espera días y días pu-
driéndose al sol y a la lluvia, replegándose la piel de
la cara y mostrando los dientes aguzados y fríos como
dispuesto a morder a quienes le mataron porque los
dientes son herramientas de la vida y del ataque
y verlos siempre horroriza, aún más saliendo de un
fino pañuelo de batista como ella le mostró: una
dentadura postiza con largos dientes amarillos sobre encías encarnadas de pasta, extraño objeto que
no tenía nada que ver con la joven atractiva que
descubrió en el refugio a donde hubo de correr porque, no bien salió del Metro, se le vino encima la
sirena de alarma y el estruendo de los aviones y un

fragor distante que se acercaba y que hizo brotar gente en las puertas, que se llamaban y cruzaban corriendo hacia un gran letrero que en una fachada se destacaba en blanco, "Refugio", donde también bajó atropelladamente empujado por el miedo a hundimientos, a esquirlas voladoras, a la calle explotando entre relámpagos y trozos de muro desprendidos.

Una insignificante luz colgaba sobre las cabezas que se agitaban mientras los ojos pretendían ver algo, aunque nada había que ver en aquella penumbra, rellena de intranquilidades, impregnada de los posibles e inminentes terrores que en cualquier momento estallaban con un estruendo más cercano o con gritos en la puerta del refugio, y por donde había bajado él, bajaba un grupo de niños que, con rostros llorosos, eran empujados por dos hombres que les tranquilizaban, aunque ellos mismos tartamudeaban y no lograban borrar el miedo de las caras infantiles. Uno de los hombres quedó al lado del soldado y murmuró que era inútil esforzarse en salvarlos, porque un día u otro les matarían, o si no, cuando fuesen jóvenes, en una guerra semejante. Daba igual guarecerse o quedarse en la calle, en el riesgo de lo imprevisible. Por otra parte, lo que se vive aun con gran intensidad resulta que se olvida a los pocos meses, que es una forma de morir.

El soldado le replicó que sólo los que temen morir piensan que cada acontecimiento deja una herencia indeleble que va a llenar un vacío. El otro le contestó que ningún suceso de una guerra puede dar un estigma que enaltezca y aliente; el sufrimiento es inútil, no se logra nada sufriendo y no perduran los rastros de ese pasado precioso que un día encuentras dentro de ti y que te parece una joya.

El soldado le dijo que los acontecimientos pasan rápidos, resbalan y dejan la naturaleza intacta porque nada te hace cambiar ni te perfecciona, aunque sí pueden aumentar la decisión de luchar.

A su lado había una mujer joven que le miraba atentamente y seguía las palabras apenas moduladas que cruzaba con el desconocido sin pensar mucho si le oía, reconcentrado y distante de las razones del otro, pero a ella debía interesarle, porque sostuvo su mirada cuando él la contempló, pero luego no la hizo caso, pues estaba pensando: "Nunca se quiere matar, pero un día ves que es lo único posible, no como venganza, sino para evitar que otros sigan matando, y así acaso colaboro en la vuelta a la paz, aunque alguien pueda decirme que sólo defendemos una fantasía, una quimera." Dijo en voz alta:

—Se mata si es preciso matar.

Ella se le acercó y le miró con ojos dilatados.

—¿Qué te pasa? ¿Por qué pones esos ojos?

Ella tardó en contestarle:

—Tengo ojos para mirar como quiero, con asco, y yo no te pregunto a ti nada.

Un nuevo grupo de personas bajó en tropel al refugio y les separó, pero no pasó mucho tiempo y volvieron a coincidir y se encontraron sus miradas y el soldado, mientras observaba la ceñida blusa blanca con botones verdes, recuperó la conciencia de que había mujeres en torno suyo y eran deseables y acaso complacientes en aquellas semanas en que la muerte rondaba a todos y exaltaba los deseos, y cuando ella se fue hacia la salida, él la siguió, se puso a su lado y caminaron de prisa a lo largo de la calle en la que crepitaba un incendio en los pisos altos de una casa.

De pronto, otra explosión les hizo guarecerse instintivamente en el quicio de una puerta cerrada, con el tiempo justo para evitar que la onda de aire les derribara, y en seguida la nube de polvo les cegó, y aunque se taparon la nariz y la boca con los pañuelos, las gargantas secas les obligaban a toser sin cesar, y encogidos y pegados uno al otro, así permanecieron unos minutos medio ahogados y lagrimeando hasta que pudieron hablar y ella siguió su confesión como largo razonamiento de un proceso que el soldado ya no atendía: —.∴. primero fuimos a campo traviesa y luego por la carretera, con todos los que obligaban a evacuar el pueblo, y esperamos los camiones…, en una cesta habían metido las alhajas y en otra las escrituras de las tierras que me pertenecen porque soy hija única y las necesito ahora, de joven, y no cuando sea una vieja, porque siendo rica podré casarme con quien quiera y están obligados a dármelo ya, sin esperar más.

Sostenía en la palma de la mano la dentadura postiza como la única limosna que le hubieran dado, pero el soldado miraba su pelo cubierto de cal y la cara blanqueada, ahora manchada de las primeras nieblas del atardecer, y un gesto de ella de una total desesperación le enterneció y la echó un brazo por los hombros como para darle un cobijo mientras ella hablaba tan apasionadamente que no se dio cuenta de que la abrazaba, excitada por su misma confesión más que por el miedo, poseída de un delirio, como liberándose de culpas ajenas, haciendo cargos y reconvenciones a alguien cuyos dientes mordían la fina trama del pañuelito mientras él la estrechaba contra sí e imaginaba que los botones de la blusa se abrían y cedían a la presión de los pechos y éstos, como una materia portentosa, de cerámica o piedra pulimentada, se descubrían, con la posibilidad de un contacto enloquecedor, pero un nuevo retumbar de muros que se desploman cerca le hicieron interrumpirla para decir que había que marcharse de allí.

De prisa, en dirección contraria a la última

explosión, saltando por encima de bloques de ladrillo y restos de ventanas, huían los dos, pero una persona se interpuso ante ellos, un hombre alto, con la cabeza ligeramente echada para atrás, blanco de cal y un reguero de sangre por la frente y la cara, y cuando estuvo más cerca vieron que tenía los ojos cerrados; tanteando el suelo con un bastón, daba un sollozo ahogado, no podía ir de prisa y tropezaba: así desapareció por una bocacalle entre montones de escombros. La joven cogió de un brazo al soldado y estuvo unos segundos callada mirando hacia aquel sitio.

—Un espectro, manchado de yodo, con algodones pegados, pasaba por ahí, con la boca abierta, quería decirme algo.

Él la tranquilizó diciéndole que también lo había visto, que era un ciego, que la guerra hacía que todos pareciesen fantasmas. Ella dejó que él la cogiese del brazo y se alejaron casi corriendo por calles que comenzaban a estar a oscuras y vacías, donde la basura se arremolinaba delante de tiendas cerradas y portales entreabiertos con el maullido de algún gato en la fresca humedad de los patios abandonados. Al adentrarse por el barrio de Tetuán, él comprendió que la muchacha conocía bien el camino: calles cruzadas por personas rápidas, obreros ensimismados, chiquillos alegres, casitas de una planta entre otras, igualmente modestas, de pisos, delante de una de las cuales se detuvo y se preguntó que por qué iba con ella... pues... para acompañarla, no debía ir sola, era muy tarde y él no tenía prisa hasta las once, en que habría de estar en el cuartel, a lo que ella negó con la cabeza, pero a la vez señaló al portal y murmuró que él no debía subir, y aun así, ambos entraron en la oscuridad de la escalera crujiente y cuando subieron dos pisos él la detuvo y le preguntó si tenía novio, si se había

acostado alguna vez con un hombre, pero no obtuvo
contestación y la sujetó contra la pared y empezó
a acariciarle los hombros y el cuello y estuvieron
unos minutos como si fueran a entregarse al amor,
y la calma de la escalera les envolvía con su carne
confidente mientras él susurraba: —Qué cuerpo tan
precioso tienes..., debes de ser muy blanca..., y la
besaba las mejillas y las sienes, pero de pronto ella se
desprendió de sus manos y subió corriendo la escalera hasta donde brillaba una bombilla cubierta con
papel azul, en la buhardilla, donde se detuvo y esperó a que él se la uniera para llamar con los nudillos
dos veces en una puertecita, y cuando abrieron dijo:
"Vengo a ver a doña Luisa", a la vez que entraban
en un pasillo estrecho junto a la sombra de alguien
que les cedía el paso y fueron a una habitación de
techo bajo y allí encontraron a una anciana detrás
de una mesa camilla de la que apenas sobresalían sus
hombros y su cabeza inclinada sobre el tapete desgastado, en el que se veían las cartas desparrama-
das, y allí, aunque ahogaba el denso olor a suciedad
y vejez, la joven se sentó y tendió los dedos hacia
la baraja.

—Dígame qué va a ser de mí.

La echadora movió las cartas, las tocó, las
ordenó y sin variar de postura empezó a murmurar:

—Una mujer, envidian, envidian tu cuerpo,
el placer, tu edad. Aquí un hombre, te elige, es pe-
cado...

Se calló y al pedirle la joven que dijese más
sólo respondió:

—No veo, no hay nada.

Entonces el pañuelo blanco fue desenvuelto
y apareció la dentadura; con un movimiento rápido,
la vieja la colocó sobre una carta; con otras fue trazando un círculo y luego las levantó para ponerlas
boca arriba.

—No veo a nadie, todo está vacío, estos dientes no son de nadie.

Poco después emprendieron el regreso por las calles del barrio, donde se oían conversaciones a través de las ventanas abiertas, y, junto a las bocas de los portales, había corrillos de vecinos que buscaban el fresco de la noche, todo lo cual animaba al soldado a hablar y a proponerla verse cuando volviera del frente con permiso y ella le preguntaba en qué trabajaba, pero iba pensativa, sin la exaltación que la dominó cuando salieron del refugio, enfriado su oscuro resentimiento, y sólo pareció volver en sí al llegar a la calle de Bravo Murillo, cerca de Estrecho, y escuchar el sordo arrastrar de los cañonazos en el frente, denunciando su presencia e imponiendo una realidad que estaba adherida a sus vidas como a las de tantos hombres y mujeres que aún a aquellas horas viajaban en el vagón trepidante del Metro, mascullando su inquietud, sacudidos por vaivenes, en la atmósfera maloliente de una guerra infecta que envenenaba la respiración de todos y nutría pensamientos de odio, pero ella lo negó y dijo que ya antes detestaba a muchas personas, y él replicó que la guerra no empezó con los tiros, que hacía mucho tiempo todo lo que ocurría en el país era una sorda lucha: la intolerancia, las envidias, la ambición, los abusos del despotismo eran una guerra latente, porque imponer la injusticia origina, tarde o temprano, negras calamidades.

Salieron del Metro y cruzaron calles bajo la claridad difusa de la luna en cuarto creciente, y al llegar a una plazoleta se detuvieron: ante ellos había grupos de personas, unos autos parados junto a la acera, el suelo cruzado de mangas de agua y un esqueleto erguido, iluminado por hogueras interiores, una fachada agujereada por los balcones encendidos de fuego, y al ver lo cual la joven echó a correr y desapareció entre la gente que hablaba con voces cansadas, junto al enorme montón de escombros delante de la casa; aún allí había llamas y penachos de humo que aumentaban el calor de la noche de verano: una casa más destruida, desplomados sus muros no muy sólidos de ladrillo y vigas de madera que ahora la bomba incendiaria convertía en pavesas y (volvió a encontrarse con la muchacha y ésta le gritó algo con expresión de asombro) cuánto esfuerzo, experiencia, caudales de recuerdos se perdían con cada casa calcinada.

Ella llevaba la dentadura en la mano: blandía un símbolo de la época terrible; forzosamente, la guerra había de tener signos enigmáticos que se materializan de pronto y cuyo significado no era posible interpretar y sólo podían ser contemplados con extrañeza, como el oír en la lejanía el grito de un vendedor de periódicos que hace meses ha muerto, o comprobar que el fundamental motivo de las guerras es la codicia de algunos, y que si buen número de manos empuñan los fusiles, otras muchas se curvan sobre joyas y billetes, dando a los rostros un gesto desalmado. Ella se le acercó y le dijo: "¡Ha ardido todo!" Pero el soldado ya daba media vuelta. Sobre las ruinas de la casa había entrevisto una columna de humo que cruzaba el cielo claro y recordó una estela idéntica sobre su barrio, sobre las familias que nada tienen sino trabajo, y a la hora de la cena, una vela encendida, erguida en el gollete de una botella, ilumina la calma nocturna cuando los ojos empiezan a velarse y la mirada vaga sin fijeza cediendo a la necesidad de descansar porque al día siguiente habrá de volverse a la tarea, al frente, y hay que dormir, dormir, dejar que los párpados se cierren para olvidar los horrores de aquel tiempo, la pasión de matar y la sed inextinguible de riquezas.

Riesgos del atardecer

También el sol habría dado en otras caras, habría herido otros ojos y las mejillas de señoras de gesto sufrido con pelo tirante hacia atrás y gargantilla de tul color hueso, y rostros varoniles, unos abotargados por la vida sedentaria muy opípara, otros enjutos con hoscos bigotes sobre el cuello de pajarita, y otros de pelo cuidadosamente pegado con raya sobre frentes estrechas y mirada cansina porque la quietud, la calma, el orden meticuloso de las cajas, daba serenidad a las locas miradas juveniles y cuando el sol entraba cada tarde, los ojos parpadeaban y los dedos les hacían sombra, revelando una sortija de oro, un anillo con piedras engarzadas; ninguna cara faltaba a las citas diarias, a la imperceptible coincidencia en la proximidad de la caja registradora, dejando vagar las miradas por las estanterías alineadas y superpuestas, en las que de haber un hueco hubiera sido descubierto y probablemente recriminado si es que representaba un cambio en el orden, del que él siempre dijo que era la llave del éxito, y con todo cuidado colocaba dentro de la caja un mantón de Manila o una mantilla de blonda y la ponía en su lugar, deseando íntimamente no tener que volverla a tocar, no tener que bajarla para mostrar su contenido a un comprador ignorante o mal educado que venía a pisar el umbral del recinto sagrado y luego a palpar las adquisiciones de laboriosas vidas ejemplares.

Puesto que todos ellos habían pensado que el sol molestaba y podía amarillear los géneros, a él le incumbía cómo evitarlo por medios más generales que no fuera la pantalla de los dedos, ya que en la calle devastada, los dos escaparates resplandecían con numerosos artículos de gran calidad y selección, que si no tanto como pensaba —al colocarlos en las cajas—, que eran marfiles en lechos de terciopelo, sí eran excepcionales junto a los comercios cerrados, las fachadas salpicadas de metralla, el pavimento roto por los obuses y montones de basura junto a la acera. Debía venderlos y para eso estaban, pero bañados de sol atraían la codicia, el deseo no de comprarlos, sino de robárselos de día, violentamente, alegando razones políticas o de guerra, y de noche, saltando los cierres y apoderándose de todo en la oscuridad para echarlo en sacos y a hombros llevarse lo que habría de esperar en los estantes tiempo y tiempo para ganar valor, como joyas en un viejo estuche que se abre para recontarlas y un rayo de luz enciende un rubí como una gota de vino añejo, engarzado en el anillo que brillaba en su dedo y que bajó hacia el mostrador para señalar las manchas de sol que indiscretamente iluminaban todo.

"Entra mucho sol. Baje el cierre de ese escaparate", y cuando estuvo cumplida la orden pensó que las colchas de damasco con tanta luz se destacaban tras las lunas pese a que éstas estaban cruzadas con tiras de papel pegado, y era preferible retirarlas, ponerlas fuera del alcance de las apetencias, de las envidias, lo que tantas veces advertía Eloísa dentro de la trastienda, en el pupitre donde tenía los recibos, los libros, los vales de caja a los que se inclinaba largas horas, en los que apoyaba los nudillos salientes de las manos para afirmar: "Estoy enferma y nadie sabe lo que tengo."

Pero a partir de cierta fecha, cuando decía

esto, bajaba la voz y se pasaba los dedos por delante de los ojos, como si algo le hubiera deslumbrado o quisiera retirarse un mechón de pelo invisible, pero quien eso pensara ante gesto tan habitual se equivocaría, como se equivocaban el marido y la hija, porque ella tendía a cubrirse la cara, a cubrir el secreto que llevaba dentro y al que quizá se refería al decir que nadie sabía qué enfermedad era la suya, pese a que el médico de la familia llegaba a media mañana y le tomaba el pulso. Cuántos consejos inútiles había sermoneado el marido a la hora de la cena, y cuántas veces se encogió de hombros la hija que la oía en silencio, sumergida en el estanque antiguo de sus ensueños, mientras la luz de cada mañana rompía peligrosamente las puertas del establecimiento, tal como pensaba él que ocurriría a una mujer bellísima que la claridad viniera a descubrir su cuerpo desnudo, el que había que tapar y proteger, y haciendo los movimientos necesarios, abría y cerraba los brazos: "Sí, vamos a poner unas cortinas de celofán", género sencillo, que se clavaron encima de los escaparates y llegaban hasta el suelo para que quienes mirasen no vieran nada del interior y ellos, desde dentro, sí pudieran ver la calle húmeda del chaparrón reciente, mujeres mal vestidas, niños, algunos hombres uniformados, y en la pared de enfrente unos carteles con dos soldados cruzados por un rótulo: "Ayudad a la defensa de Madrid".

Pero, al llegar la tarde, el sol entre nubes metió sus rayos allí y no sirvieron las cortinas; al contrario, su suave colorido reflejaba en todos sitios e iluminaba más, lo que fue comprobado por él mismo al contemplar desde el centro de la calle el resplandor de oro que tenía así hasta la puerta de la trastienda, color de las catedrales o de un palacio con infinitas luces que hacían tomar a todos los ar-

tículos un valor nuevo y magnífico similar al de los
encajes ambarinos, que merecían todo esfuerzo, toda
dedicación.

Cuando entró, oyó una voz no muy clara,
atribuible a algún antepasado: "Sigue dando el sol
en la caja de los camisones", y hacia allí dirigió los
ojos y, efectivamente, un hilo dorado y luminoso
pasaba por encima del mostrador y llegaba hasta el
sitio indicado, lugar al que se habrían vuelto los
que soñaban con la carne caliente y satinada a que
estarían destinadas aquellas prendas algo pecamino-
sas, inconvenientemente descubiertas por el sol, y
entonces, repitiendo el movimiento pudoroso, cerró
más las cortinas mientras que, para quitar significa-
ción al movimiento, decía a Matías: "Hay mucho
género en los escaparates", de lo que en seguida se
arrepintió porque la venta podía bajar si no exponían, y su misión en aquella época cruel era salvar
el negocio, sobre todo que no lo requisaran, que
no lo socializaran.

"Vamos a retirar lo que no sea de tempo-
rada", y otra vez con un gesto medido y suficiente
de la mano fue señalando prendas: primero, las camisas de mujer, azules camisas "imperio" que entre
los dos fueron retirando y colocando en el fondo
de una caja donde quedaron arrugadas, en las que
coincidieron las miradas de los dos, que se encontraron al levantarse y les produjo un momento de
embarazo, de malestar, que desviaron a unos calcetines finos de niño que Matías le iba pasando desde
el escaparate y él guardaba hasta que suspendió aquel
trabajo y entró en la trastienda.

Vio que su mujer no trabajaba; aunque inclinada sobre las facturas, estaba inmóvil y no leía
ni escribía en el diario, ni sumaba mentalmente:
una paralización total; dio dos pasos, se le puso delante y ella se sorprendió y fingió estar aplicada en

sus cuentas, pero fue evidente que por unos segundos había estado absorta, a lo que él creyó conveniente preguntar: " ¿Qué haces? ", y oyó la voz de Eloísa: " ¿No lo ves? ", y siguió haciendo que calculaba, pero estaba atenta a la sombra cercana de él que la miraba exigiéndola algo, reprendiéndola, con una amenaza imprecisa que se refería... ¿a qué? Levantó los ojos para descubrirlo y, al verle fijo en ella, comprendió que la amenazaba sabiamente porque no descubría cuál sería su castigo, sino que lo mantenía pendiente sobre su cabeza días, meses, años.

Se levantó, se puso el abrigo y murmuró: "Voy a ver a mi hermana"; él, sin andar, la siguió con la vista: "Vuelve pronto", y apagó la lamparita que brillaba encima del pupitre.

Salió a la calle abandonando todo, quietud y seguridad de la trastienda, protección de convenciones y costumbres reconocidas y aceptadas, cerrándose bien el abrigo para resguardarse del contacto despiadado del exterior, y al llegar a Noviciado no tomó el camino de casa de su hermana, sino que dobló por Palma, entró en una casa modesta, subió a un piso y saludó a una mujer más joven que ella, alta y fuerte, con gesto decidido; la hizo pasar a un cuartito donde se sentaron a la camilla junto al balcón y donde enhebraron su diálogo íntimo y sincero, a veces doliente y a veces sarcástico, con alusiones ácidas y rencorosas hacia personas distantes e inadvertidas de que dos mujeres canosas, inofensivas, acumulaban la confidencia de su odio y su desprecio sobre sus imágenes evocadas, y mientras ellos cumplían con los ritos del quehacer diario, eran cercados por aquellas palabras de total aversión, mientras él ideaba colgar a cierta altura, en el fondo de los escaparates, batas negras y delantales para tapar todo con aquella pantalla de tela opaca, y cuando lo hicieron, notaron que, efectivamente, la luz dentro había disminuido mucho.

En aquel momento una sombra se interpuso en la puerta por detrás del visillo que hasta la mitad la cubría, y entró un hombre con boina y bufanda.

—Buenas tardes.

—Buenas —respondieron.

—¿Tienen ustedes calcetines de lana?

—No, no tenemos. Hace mucho que se terminaron.

—O de algodón, pero que sean de abrigo.

—No, ya no tenemos.

—Bueno, gracias —dio media vuelta y al abrir la puerta y salir se escuchó un cañoneo lejano.

Matías opinó que no debía de ser un rojo, pero el jefe le replicó que nunca se sabía; a lo mejor, un "mandamás" que se encaprichaba con aquello y lo requisaba, porque la verdad era que en los escaparates seguía habiendo mucho género del que acaso habría que retirar lo más tentador, las prendas de vestir, y un rato estuvieron quitando jerséis y bufandas, sin pensar bien lo que hacían, porque estaba acordándose de que, al dejar las camisas en la caja, se había desdoblado una y movido ella sola y se replegó por un lado, exactamente como si un ser vivo la animase o un cuerpo inmaterial se hubiera deslizado en ella con intención obscena de asustar a Matías, que también la había visto y se había sentido azorado.

En la calle de la Palma, en una casa modesta, las dos mujeres seguían hablando, la una sollozaba y la otra pretendía consolarla, pero su congoja llegaba a tal extremo que su amiga tuvo que acceder y la prometió lo tantas veces ofrecido y otras tantas demorado por las razones que ahora alegaba, pero Eloísa era tan acuciante en su desesperación, tomaba una actitud tan desesperada, que por

fin aceptó dárselo aquella tarde, ponérselo en las
manos, que cogieron el frasquito y lo encerraron en
los guantes negros de punto, o en los de cabritilla
o en los encarnados de fantasía que estaban casi rozando el cristal y que retiraron y en su lugar exten-
dieron un felpudo que a nadie atraería y evitaría
aquellas entradas tan desagradables, hablar con uno
tras otro, salir de la trastienda a despachar, salir de
su diálogo con los rostros submarinos de todos los
que habían cimentado el comercio, despachar a clientes despreciables, lo que la parecía igual que el co-
mediante al que acaban de atravesar con un puñal
de cartón y vuelve a salir al escenario para cantar
un aria; una actitud de cantante de ópera tuvieron
las dos amigas delante del armario de donde había
sacado el frasquito que no bien cogió se quiso marchar, como si pudiera perder la oportunidad de aquella tarde, a una hora determinada, fija desde hacía
años y que ella pensaba aprovechar, y su amiga le
dio consejos para perfeccionar el efecto y que fuera progresivo, empezando ahora con el fin de que
quedara todo pronto terminado, jugada la carta de-
finitiva, arriesgada pero la única salvadora, que para
él —lo comentaba con Matías— era impedir la entrada de luz bajando el cierre del escaparate izquierdo, aunque se perdiera visibilidad para los paños de
cocina, las batas blancas de médico y los mantelli-
llos de croché sujetos en un cartón, pero cuando lo
hicieron comprobaron que habían ganado penumbra
y que poco a poco allí dentro había una atmósfera
tranquila y opaca como en un mausoleo de ambicio-
nes, de pingües beneficios.

Otra vez en la puerta apareció una persona,
pero no entró, se limitó a mirar al interior y con su
corpulencia tapaba todo el cristal, en tanto los dos
se habían echado para atrás, ansiosos, rígidos, pegados al mostrador, en un silencio en que oían sus

respiraciones y el leve chasquido de la carcoma, hundidos en interminables segundos, esperando que la puerta se abriese y ocurriera lo temido, y delante de la puerta del piso Eloísa se inclinó hacia su amiga, la besó y le dijo al oído: "Les odio a todos", y ambas estuvieron unos segundos abrazadas, reconfortándose con su afecto y sus demostraciones al despedirse. Pero aquella persona no llegó a entrar, se fue y ambos se movieron en las palabras de Matías: "Qué susto nos ha dado. ¿Quién sería? A lo mejor un comisario político que venía a incautarse de algo." "Lo que hay aquí más peligroso es la caja registradora: indica que este comercio la necesita, que hace muchas ventas. Habría que quitarla", pero se limitó a toser, a teclear con las uñas en el mostrador, a cimbrear la cabeza aprobando algo que pensaba y que le distanciaba de las personas que pasaban fugazmente por la calle, sin relación responsable con ellas, ajeno a armas y a amenazas, a manos que asesinan, a lugares de perdición en que campea el vicio, sin relación con personas abyectas que bordean la muerte, con desafíos en los barrios extremos o comilonas en el Casino de Madrid, seguidas de bacanales donde cada copa de champán es un paso al delito, cuando toda rigidez se quiebra y es posible dejar de ser lo que se es.

Era Eloísa que volvía; abrió la puerta y sin decir nada, ni un saludo ni un comentario a la oscuridad que encontró y al cañoneo que parecía aumentar y presagiaba una noche de obuses, pasó a la trastienda, fijos en ella los cuatro ojos, severos unos, respetuosos otros, y cuando ya había desaparecido, él levantó la voz para preguntar si había traído el termo con el café y desde dentro Eloísa contestó: "Sí, ahora te lo preparo."

La vio de espaldas, sin hacer nada, sin duda preparando ya la malta con una pastilla de sacarina que todas las tardes tomaba en la trastienda, despacio, saboreándola, con un dedo anular metido en el bolsillo del chaleco, escuchando si fuera Matías despachaba. "¿Está ya?", secamente, como enfadado por aquella marcha intempestiva, pero Eloísa tuvo un sobresalto y con la mano derecha le tendió el vasito, que era la tapa del termo, lleno de un líquido oscuro, para que se lo bebiese, pero tenía la cabeza vuelta, sin interesarse de qué forma lo tomaría, lo que él hizo como siempre, chascando la lengua y pasándose el pañuelo por los labios después de devolverle el vaso, y entonces sí encontró las pupilas dilatadas de la mujer fijas en él.

Cuando salió, ella metió en el bolso un frasquito vacío y con movimientos agitados se asomó a la puerta de la trastienda y allí esperó.

La tarde iba declinando y el comercio estaba sumido en la oscuridad, apenas se veía. "Los comercios están ahora muy amenazados", y a aquella hora el aire se adensaba con evocaciones de tiempos anteriores, con rumores que nadie podía producir, pero que eran inconfundibles, incluso crujidos de seda, el *fru-fru* antes soñado y deseado por clientas distinguidas, casi un zumbido en los oídos, y si se pudiera abrir un rato la puerta para respirar mejor, sentir el pecho lleno de aire satisfecho de haber terminado el día, uno más, plagado de peligros y unas ráfagas de destellos a la izquierda como si joyas engarzadas de diamantes cruzasen la tranquila atmósfera oscura y templada sin extrañarle, aunque tuvo que apoyarse en el mostrador, porque aquel espacio era el punto de condensación de anhelos, propósitos, esfuerzos de una larga familia, a la que también Eloísa pertenecía, aunque ahora su mente repasaba el exorcismo, el conjuro: "Los tres primeros días sólo se sienten mal; el cuarto se desmayan."

Puertas abiertas, puertas cerradas

¿Dónde estaría ahora? Acaso por la calle, expuesta a mil peligros, o en casa de una amiga hablando de vestidos, del veraneo en Biarritz, de alhajas. Si pudiera tenerla allí delante... con la blusa entreabierta.

Se levantó de la butaca, fue al balcón, miró a través del cristal su propia vida de deseos como un cajón gigantesco donde estuviera arrojada una infame mezcla de tormentos.

Pero ella entonces taconeaba con impaciencia. Mejor no pensar, seguir atentamente la silueta del soldado en el repetido ir y venir ante el recuadro de claridad debilísima de la puerta; escuchar el golpe de los tacones una vez y otra —se alejaban, se acercaban—, hasta verle desaparecer por la derecha; dar una carrera, subir la escalinata y cruzar el gran vestíbulo escasamente iluminado por una bombilla pintada de azul; cerrar tras sí la puerta lateral y adentrarse por el ancho corredor donde no había nadie y donde no se oía ningún ruido.

Las puertas que lo flanqueaban con sus manchas oscuras estaban cerradas y no dejaban ver las oficinas y almacenes que allí habría... Apenas distinguía en la penumbra, yendo hacia el fondo donde estaba la puertecilla cuya llave, apretada en la mano, preparaba para introducirla con firmeza, venciendo los roces previstos, y hacerla girar hasta que el pestillo sonase.

Esperaba que le diera en la cara una bocanada de calor, condensado allí como una sustancia pesada y blanda, pero no fue así. Los hornos estaban apagados y al bajar tres escalones encontró una mayor claridad reflejada por largas filas de formas redondeadas, blanquecinas, a través de las que fue hasta el sitio donde tenía que estar una pila y un grifo. No le oía gotear en el silencio, pero, no obstante, lo vio a la altura de su cara, fijo en la pared, clavado en una cañería que bajaba hacia la oquedad de un fregadero de piedra artificial, ante el que ella abrió el bolso y sacó un rollo de tubo de goma.

Presionando con ambas manos, consiguió enchufarlo en el grifo, dejarlo allí prendido y extenderlo fuera de la pila de manera que hiciera una ligera curva cuyo extremo casi llegaba al suelo, rozándole los zapatos.

Dio el agua y el ruido le anunció que ésta fluía, y cuando borboteaba en el extremo del tubo bajó la vista para vigilar cómo se extendía por el suelo de baldosas encarnadas, y hecho esto se fue rápidamente hacia la puerta, y mientras subía los tres escalones echó una última mirada a los sacos de harina. Volvió a cerrar con llave y salió al vestíbulo.

—Salú —dijo junto al centinela, y por la oscuridad que rodeaba el cuartel caminó hasta la esquina de Amaniel, donde había un coche con los faros apagados, pero en el que retumbaba el ronquido del motor.

Cuando se sentó junto al hombre que estaba al volante, emprendieron la marcha a toda velocidad y salieron a Alberto Aguilera, murmuró:

—Todo bien.

Iba rígida, fija en los suaves destellos de luz que se veían en el cruce de San Bernardo, y sujetaba el bolso sobre las rodillas.

"Igual que Mata-Hari", se dijo, e imaginó su propia cara, tersa y bella, joven aún, echada hacia atrás para que las perlas de una diadema dorada brillaran sobre su frente.

—¿Qué has hecho de la llave? —le preguntó. Ella tuvo un imperceptible movimiento de hombros que él no pudo advertir.

Despacio, entre otros coches con las luces apagadas, cruzaron la glorieta de Bilbao, que hormigueaba de siluetas negras entrando y saliendo del Metro; las tiendas descubrían su iluminación interior al abrirse las puertas.

—¿Pudiste cerrar bien? ¿Comprobaste que había agua?

Ella seguía callada; sólo más tarde, al subir por la calle de Serrano, dijo:

—Mi cuñado quiere pasarse. Es una locura. Si fracasa y le cogen, caeremos todos.

El que conducía no hizo ningún comentario. El coche entró en una calle lateral y se detuvo junto a la acera. Rápidamente, la mujer se inclinó hacia el conductor, le apretó un brazo para despedirse y como si de aquella forma quisiera imponerle sigilo; sin embargo, cerró con un golpe la portezuela y se fue pegada a la pared. El hombre la siguió con la mirada desde su sitio en el volante y partió en dirección contraria.

Con pasos apresurados entró en un gran portal sin luz y subió tanteando la escalera, al final de la cual encendió el mechero para abrir una puerta: en ella había un rótulo bien visible: "Protegido por la Embajada de Bélgica".

En la sala abarrotada de muebles y cuadros se detuvo después de haber dado las luces de una araña que colgaba en el centro del techo. Pasó a otra habitación y un hombre joven fue hacia ella.

—¿Has podido hacerlo?

—Estoy cansada —y se dejó caer en una butaca junto a la radio para desde allí sonreírle y complacerse en su curiosidad. Le tenía delante: una figura esbelta, ágil, casi ingenua, aunque no era así y sabía cómo se enfrentaba con los braceros en las fincas de Jaén. A veces le era completamente ajeno, desgastado por ratos de antipatía y ratos de deseo. En otra butaca, la pequeña figura del marido esperaba sin duda que ella contase lo que acababa de hacer, pero no se sentía dispuesta a hacerlo y apenas atendió a sus preguntas o a cómo se levantó apoyándose en los dos bastones y se fue, haciendo sus ruidos característicos, de roces y golpes ligeros que no lograban atenuar la práctica y su contención de inválido. Entonces Jorge se le acercó, la cogió la mano y se la llevó varias veces a los labios.

—Ahora ya estará inundada toda la panadería —condescendió ella a decir, dejando escapar una especie de carcajada; él pasó los ojos a lo largo de su cuerpo, desde los hombros a las piernas, piernas largas, bien modeladas en medias de seda tan tersa como si fuera la misma carne, tirante desde la parte alta, donde aparecían dos broches del liguero, hasta el tobillo que se estrechaba para entrar en el zapato negro con gran tacón y una hebilla dorada. Un zapato para alfombras mullidas y suelos encerados y no para tantear el pavimento de adoquines desnivelados que encontró al bajar del coche. Hizo un gesto con las cejas a través del cristal al hombre que se quedó dentro, puestas las manos en el volante. El aire le agitó de pronto el pelo y tuvo que sujetárselo, y en esa postura, con el brazo alzado, miró a un lado y a otro y cruzó la calle para acercarse al puesto de control que estaba junto al parapeto de piedras.

Cuatro soldados de pequeña estatura y caras oscurecidas la miraban ávidamente, casi dudando de que hasta allí llegase una mujer rubia y bien vestida, de falda corta, que se aproximaba a ellos con pasos seguros, y en la sorpresa de que había bajado de un coche militar, oyeron una voz clara que preguntaba si podía pasar, a la vez que mostraba el pase en regla, debidamente sellado y firmado, al cual se lanzaron los cuatro hombres para leerlo.

Releerlo y volver la vista a ella hasta tener, al fin, que decir que sí y devolvérselo y hacerse a un lado y darle paso por el estrecho hueco que en diagonal atravesaba el parapeto aspillado, coronado de sacos terreros, que cortaba la calle de un lado a otro, cruzado el cual ella pasaba a la zona del frente: una ciudad vacía, barrida por la peste o por nubes venenosas que ahuyentaron a todos, dejando sólo a un oficial que preguntaba si sabía dónde estaba el puesto de mando.

Removido el suelo, levantadas las piedras, que en muchos sitios faltaban, los tacones se hundían en la tierra y la marcha se hacía difícil, pero aun así se esforzó en seguir recta porque sabía que cuatro hombres traspasados de asombro y deseos la estarían mirando hasta que entrara en sus pobres cabezas que debían bajar los ojos, pero el suelo, tan sembrado de objetos de metal y cristales, se movía al poner el pie encima, y había alambres que se enredaban en los finos zapatos y rozaban las medias. La calle se alargaba bordeada de casas en ruinas, fachadas abiertas, con balcones desprendidos y muros agujereados de los que amenazaban caer vigas y bloques de ladrillo que no matarían a nadie, pero cuyo sordo choque repercutiría lejos.

Vio el grupo de soldados que estaban ante el puesto de la División, borrado su aspecto humano por la sucia impedimenta que achataba las figuras. Se limitó a preguntar al centinela, como si fuera el portero de una casa cualquiera, si podía hablar con el capitán Guzmán, y el cabo la acompañó a las oficinas cruzando miradas expresivas con todos los que, al contemplar estupefactos la brillante cabellera y el vestido ceñido, anhelaban morir allí mismo, machacados por el rayo de aquel cuerpo, ahogados en una arena en que se hundían labios y manos. La hizo entrar en un despacho donde estaba el capitán, que se puso de pie junto a la mesa. Al principio se quedaron callados, luego él fue a cerrar la puerta y se volvió.

—¿A qué vienes? ¿Cómo se te ocurre hacer esto? Nos van a descubrir... ¿No te he dicho que me vigilan?

Ella movió la cabeza y respondió a media voz:

—Es mejor aquí. ¿La tienes?

El oficial prestó oído a los ruidos en la pieza contigua, sacó del bolsillo una llave y se la entregó.

—Guárdatela —la mujer le miró fija—. Ahora vete ya, en seguida. Les diré que has venido a pedirme dinero: eso lo creerán.

Se encogió de hombros, dio media vuelta y, acompañada por él, cruzó de prisa las oficinas y bajó al patio. Se detuvieron como si fueran a hablar. Ella sabía que varios hombres la estarían observando desde las ventanas, recorriendo su cuerpo, carnoso y alto, buceando por atravesar las ropas, y sonrió.

—Mi cuñado quiere pasarse, me lo ha dicho.

—Tú estás loca y él no sabe lo que hace.

A lo que contestó con un mohín de los labios como si contuviera un beso o una respuesta.

De pronto apareció una mariposa blanca revoloteando aturdida y fue a parársele en la manga: parecía una flor puesta allí expresamente. Él levantó la mano.

—¡No la toques! Me gustan tanto...

Fingiendo enfado, cruzó de prisa el portal,

pasó entre los centinelas y rehízo el camino, pero por calles diferentes igualmente vacías, destrozada la alineación de fachadas y farolas, con fortificaciones preparadas.

Al llegar al control de Princesa miró uno a uno a los soldados y cuando descubrió a un sargento le dijo con voz firme:

—Tengo pase. Vengo de ver al teniente Tijeras.

Cruzó el control y taconeando se alejó por los bulevares hacia el otro control, en la esquina de Vallehermoso. Llevaba dentro de la mano la llave y pensó que con ella abriría la puerta, pero antes tendría que aguardar frente al portalón a que el centinela se distrajese, y escuchar en la oscuridad los recios taconazos que iban y venían, esperar, recorrida por algún escalofrío que ahora sentía, apoyada la espalda en el respaldo de la butaca, concentrada en el esfuerzo para encontrar las palabras que disuadieran al joven. Éste se cruzó de brazos.

—Está decidido. Me paso. Sea como sea. Lo mejor es atravesar el frente.

—No lo hagas. ¿Vas a dejar solo a tu hermano? ¿Y a mí?

Había cruzado las piernas y al hacer el movimiento la falda se había subido y la parte baja del muslo aparecía con la carnosidad apretada por el borde de la butaca, descubriendo que todo el cuerpo estaba a continuación de aquella zona de carne, bastando sólo acercarse, vaciar la cabeza de lo que no fuera aquel deseo, tener valor de empujarla hasta tenderla en la alfombra, y buscar los botones, los broches, que, ya sueltos, permitirían desembarazarla de ásperas telas... Desvió la mirada, cogió la americana y dijo:

—Voy a ver a los Álvarez. Ellos me ayudarán a pasarme al otro lado.

—Es muy difícil. Si te descubren, te fusilan —exclamó ella.

Con la linterna se ayudó a bajar la escalera, y fue a tomar el Metro. Insistiría para que le dieran la llave y poder escapar, aunque llegar a la meta le costase arrastrarse entre cieno y detritos y ratas y toda clase de porquerías que en la oscuridad le esperaban para rozarle los labios, las mejillas, las manos, pegándose a los pantalones. Les preguntaría insistentemente por la llave. ¿Por qué no dársela? Ya sabía que había una puerta cerrada, adosada a un plano de ladrillos, no en una pared blanca al sol, sino una puerta en medio del campo, entre barrizales y estercoleros, entrada a la alcantarilla por la que tendría que meterse.

Álvarez, con la mujer al lado, decía que no con la cabeza. Había que esperar una semana al menos, estaba muy vigilada la zona, era aconsejable aguardar a que volviera la calma a aquel sector y que retiraran fuerzas; entonces, sí, él mismo la acompañaría.

¿Adónde llevaba la puerta? ¿Al campo, al río? Eso era lo que él quería. La llave, la llave.

La llave no era bastante. Con ella sólo no conseguiría nada, había que conocer el camino, tener la suerte de llegar hasta la alcantarilla sin ser visto.

Pues abriría de una patada: una puertecilla sucia y mohosa, ¡nada! Lo que él necesitaba era escapar del hambre y del miedo, de no hacer nada, escapar del cerco de fortificaciones, de las calles amenazadoras, de las denuncias, de la detención.

Les hablaba despacio, con palabras tan precisas que parecía golpearles la cara de plano, y era tal su firmeza que Álvarez cedió, se metió en la trastienda y salió con una llave brillante, recién hecha, y se alargó en prolijas descripciones de los sitios que había que cruzar hasta llegar a la boca de la alcantarilla.

Cuando tuvo la llave en la mano, dentro del bolsillo de la americana, cambió el tono de voz, bromeó y se sintió fortalecido por la proximidad de la aventura cuyo final era una nueva vida. Había llegado el momento de proponerle irse con él, dejar todo atrás, olvidarlo y pasar a la otra zona, donde se perderían tras el frente; acaso no habría que rogarla mucho ni discutir porque, ¿no estaría dispuesta, harta de aquel inválido, de aquella rémora que condenaba a los tres, hastiada de no tener la actividad con que ella había soñado y cuya sola idea la llenaba de vanidad? Quizá deseaba quedar libre y gozar otras experiencias, lo que él deducía por miradas sostenidas que había sorprendido en ella o por la despreocupación de no bajarse la falda o cerrarse la blusa; algunas tardes de verano, él estaba seguro, había salido de casa para entregarse a un hombre que la acariciaría las piernas largas y bien modeladas, y cuando las manos avanzaban hacia donde terminaban las medias, oyeron que alguien echaba la llave en la puerta del piso. Se volvió uno al otro, preguntándose qué era aquel ruido, y Jorge se irguió y fue casi corriendo al *hall*: la puerta estaba cerrada, efectivamente. Allí mismo llamó a su hermano para saber qué pasaba, pero éste no contestó; fue a su alcoba, abrió las otras habitaciones, recorrió la casa, cada vez más alarmado: todo estaba vacío y tuvo que volver junto a ella.

—Se ha ido. Nos ha dejado encerrados...

—No puede ser. ¿Por qué?

Oscuras sospechas cruzaron su pensamiento, que afanosamente buscaba la explicación, echados de pronto en una mazmorra, en una cárcel incomprensible, sujetos a una grave amenaza que ambos presentían después de que ella abrió su bolso y exclamó:

—Me han quitado las llaves. Sólo tengo ésta —y le mostró una, pequeña y mohosa, que tiró sobre la mesa, al ver lo cual el joven se metió las manos en los bolsillos.

—Yo tampoco tengo las mías… —contemplaba una en la palma de la mano, pero no dijo de dónde era. Los dos se miraban extrañados, fijos en una puerta herméticamente cerrada e infranqueable.

—¿Irá a denunciarnos?

Por la escalera, en el silencio propio del atardecer, se oía alejarse el ruido acompasado de los bastones.

Calle de Ruiz, ojos vacíos

Yo no podía saber quién era el ciego, ni a dónde iba ni lo que al llegar a su casa descubriría por el sutil tacto de los dedos que habrían palpado un mundo de cosas, pero nada como aquel hallazgo, red negra y opaca que cae sobre el alma y dura toda la vida.

En una nube de polvo le vi aparecer: la calle aullaba recorrida por la helada estridencia de la sirena y por compactas sacudidas del aire cada vez que el estruendo resonaba sordamente y transmitía su vibración al pavimento y a las fachadas que en cualquier instante podían rajarse de arriba abajo y derramar una cascada de ladrillos, hierros y balcones retorcidos en una gigantesca nube gris y roja, semejante a una sustancia densa, de ligero polvo y humo, que tardaría breves minutos en desvanecerse ante los ojos de los que, horrorizados, la mirasen avanzar.

En una nube parecida vi surgir la figura del ciego andando a bandazos, con la cabeza y los hombros blancos de cal y los ojos blancos, abiertos y dilatados, acaso deseando ver aquella desolación que nos rodeaba y de la que había que huir, aunque él no parecía darse cuenta del peligro porque me agarró el capote.

—¡Por favor, por favor!

Le tranquilicé pensando que era un ciego perdido en el bombardeo, alocado por la sirena que recorría el barrio y desgarraba los oídos, y no pude imaginar más. Qué iba yo a saber si nos está negada una brizna de futuro, si estamos, y estábamos en aquella ciudad, aplastados contra un muro, frenéticos, intentando descubrir lo que iría a ocurrir un minuto después, no en lo referente a un negocio, a una cita, a un proyecto cualquiera, sino en lo que hiere nuestra propia vida, y solamente lo que podíamos palpar y contemplar era ya inconmovible pasado y recuerdos que envejecían rápidamente y eran tragados por el olvido, que no devuelve nada, que no ayuda a comprender hacia dónde camina fatalmente una persona, otro ciego que va entre escombros y ruinas. Sólo dije:

—Esté tranquilo. Ahora no pasa nada.

Y él, sin soltarse, me pidió que le cruzase de acera, como si fuera posible en aquellos momentos, en un infierno, pararse a escucharle y no zafarse de él y dejarlo a solas con su suerte como todos los que entonces corrían a meterse en los portales oscuros.

Él estaba ante uno y ella habría estado ante otro, agujero negro lleno de recuerdos dentro del que se reconoció sentada en una silla baja, extendida la falda sobre las rodillas y cosiendo algo, acaso una camisilla de modesta tela blanca en la que entraba la aguja para que el hilo fuese trazando un camino del que no se apartaban sus ojos, aunque charlaba o cantaba quedo con otras tres niñas que, como a ella, sus madres mandaban al portal a aquella hora de las tardes de verano cuando todo quedaba tranquilo y no pasaba un alma ni un coche por el empedrado que desprendía fuego, la misma calle en la que ahora estaba y desde la que miraba, entristecida, la fachada deshecha.

Carmen cogió el brazo de su amiga y entró en el negro agujero, mirando a todos sitios como si el temor real de que les cayese encima un ladrillo o un trozo de estuco fuera recelo de encontrar a una persona en cuyos ojos hubiera reproches, la censura de saberlo todo, como si al volver a la casa entraran en el seno de una madre inflexible que no perdona nada, en el seno de la familia severa, forjada en las privaciones, que ellas despreciaban y pretendían liquidar, aquella construcción de vigas entrelazadas después de que una bomba había resquebrajado lo que parecía más sólido y en su castigo había llegado hasta el sótano; los muros estaban rajados, incapaces ya de sostener el peso de aquel equilibrio a cuya agonía venían ellas a asistir al entrar hasta el fondo del portal pisando con cuidado para subir los primeros escalones cubiertos de escombros.

—Mil veces he pensado si hoy, a aquella mano, la besaría o le clavaría los dientes, esa mano que me dio lo necesario para hacerme mujer.

—Una mano que no te dio dinero.

—Me dio un tesoro. Habré podido reventar de hambre, pero no me ha faltado lo que compensa de todas las miserias. Las limosnas vendrían luego.

—Después, con hombres...

—No es igual; se echan sobre una, te cogen: pueden conseguir a fuerza de trabajo que la vista se vaya, pero las manos de la costurerita no podían compararse a nada.

—¿Aquí precisamente?

—En el portal y en estos escalones nos hicimos amigas. Aquí mi madre me mandaba las tardes de verano y ella también se bajaba para tener más fresco. Se venía con su labor y mientras cosíamos charlábamos y ella me contaba cosas que para mí eran nuevas.

—¿No tenías otras amigas?

—Sí, todas las de la casa, pero cuando ella se interesó por mí ya las otras no importaron.

—¿Y fuisteis amigas?

—Cuando terminó el verano ya no bajamos aquí. Y un día me dijo que subiera a su casa. Vivía sola en un pisito del cuarto. Me acostumbré a ir allí casi todas las tardes. Nos besábamos al entrar y salir y llegué a hacerme a aquellos besos, tan distintos de los que me había dado aquel hombre en el parque; era tan cariñosa y tan buena conmigo que cuando un día me acarició el pecho me pareció natural, y recuerdo que eché los brazos para atrás y la sonreí; al día siguiente lo repitió, yo la acaricié y por encima de la tela noté la dureza de los pezones, porque sólo llevaba la blusa: mirándonos y riendo, nos acariciábamos sin decir palabra y entendí lo que era aquel roce tan delicioso; al día siguiente yo subí a su casa sólo con el vestido puesto y al rato de estar cosiendo dejó la labor y se sentó a mi lado; tampoco ella llevaba nada debajo de su bata, y en silencio nos recorríamos el cuerpo con las manos, ansiosamente, y vi cómo se ponía seria y su respiración se precipitaba y... aquel día no cosimos más.

—¿Y nadie lo supo?

—Nadie. ¿Quién podía pensar nada si no éramos un hombre y una mujer?

Levantó la vista hacia los pisos superiores, pero la destrucción había llegado hasta ellos y se veía la barandilla colgando de unas vigas.

—Yo la llamaba desde aquí antes de subir.

Levantó la cabeza y gritó:

—¡Adela! —alargando la última sílaba en un acento lleno de ternura, pero nadie contestó y Carmen se volvió hacia su amiga—. Ya no está, claro. No volveré a verla.

Bruscamente, miró hacia arriba.

—¡Adela! —gritó de nuevo con voz más aguda, y subió ágilmente al rellano y se detuvo allí ante el hundimiento del piso y chilló con toda su fuerza—: ¡Adela!

La escalera se llenó de aquel grito y unos ecos vagos mantuvieron el nombre en los rincones y en los huecos de los ladrillos, pero en seguida el silencio vació todas las ruinas y Carmen miró detenidamente lo que quedaba de la escalera donde había cruzado su secreto con tantas personas, porque se viven años cerca de otros y las vidas se enredan hasta la asfixia y, sin embargo, no nos vemos, no ven el secreto que una mujer delataría en sus gestos o en su forma de andar, y en la escalera miramos a otro lado para no cruzar los ojos ciegos, y en el trabajo o en la calle vamos atentos al suelo para que no descubran nuestros ojos vacíos, los que se aproximan con sus pupilas clavadas en la penumbra —que borrará nuestra cara y nuestros secretos— del portal por donde entramos y salimos varias veces al día, miles de veces, y siempre lo hacemos solos y furtivamente para no tener que aceptar la ceguera y bajar la mirada hacia los escalones, a los que por fin una fuerza poderosa ha destrozado, y pasados años habrá hecho desaparecer tan totalmente que para nadie existiría allí una escalera, testigo de tanto sufrimiento y quehaceres, parecida a aquella desde donde él la dijo casi cerrando la puerta:

—Voy a salir y vendré muy tarde.

—Cualquier día te matará un coche o un tiro.

Y el ruido de sus propios pasos en los escalones de madera le marcó un redoble que era el anuncio de los soplos de aire templado que le envolvió y le tocó las manos y las mejillas cuando pisó el umbral de piedra y salió a la calle con olor de polvo. El caminar le activó el fluir de la sangre anhelante, tan asidua compañera suya como el bastón, y al suspirar profundamente sintió aplacado el miedo, el hambre, la inseguridad de las piernas, la escucha atenta del menor roce que se acercase, porque andaba a través de una maraña de ruidos ajenos que debía reconocer y sólo el chirrido de la punta metálica del bastón en los adoquines le era familiar. El bastoncillo con su fuerza propia le llevaba sobre las piedras del pavimento y él inclinaba todo su ser hacia aquella materia dura que sabía húmeda o áspera, a la que se confiaba, sonreía a aquel soporte al que le hubiera gustado tocar y bendecir como quien roza la mejilla de una madre, y a la vez que andaba iba calculando las calles que cruzaba, concentrado en su camino de piedras y piedras, como había caminado desde niño, calles que se alargaban y otras que se entrecruzaban bajo sus pisadas y los años también se cruzaban de miles de calles con bordillos que eran una constante sorpresa.

Y cuando ya percibió que había llegado, que estaba en la calle de Ruiz, tanteó la pared y notó la aterciopelada piel de la piedra y se acercó más, y hubiera deseado descansar su cabeza contra ella y permanecer unos minutos entregado al delirio del pensamiento, pero no debía dejarse arrastrar por tal debilidad y entró en el portal, que recorrió con las yemas de los dedos, y subió los tres escalones en la sorda presión de su espacio herméticamente cerrado que daba paso a la escalera conocida por sus crujidos y por sus dimensiones, subida unas veces con vehemencia, otras con el desánimo de lo inalcanzable. También hubiera detenido allí su marcha, su respiración fuerte, para agotar de una vez las posibilidades que pudiera darle expresamente a él. Pero siguió adelante, sintió la puerta, la palpó con toda la mano abierta, gozando en el tacto variadísimo de sus detalles, y con las uñas tamborileó.

Como si le esperasen, la puerta se abrió inmediatamente y una mano le atrajo hacia adentro y al dar unos pasos captó un olor diferente, propio de aquella casa, una sensación íntima que al dejar el bastón le hizo sonreír y sentirse satisfecho y pensar: Como volver de un viaje —mientras le hacían entrar y le hablaban y él contestaba notando la falta de una voz, por lo que preguntó por ella y como respuesta unos dedos le cogieron los suyos y se los pusieron sobre una superficie satinada que enseguida delimitó y acarició ávidamente.

—Sí, lo conozco muy bien, es mi amigo.

—Pero hoy no podemos leerlo.

—¿No vamos a leer nada? ¿Por qué?

—Hoy precisamente no. Han bombardeado mucho, ha habido muchas víctimas... muchos muertos, y no es posible leer palabras justas cuando todo a nuestro alrededor es sufrimiento.

—Precisamente esas palabras fortalecen y son lo que podemos oponer a la maldad.

La respuesta no le llegó en seguida: había cogido el libro y lo tenía en sus manos a la altura de la cara y oía un ruido indefinible que reconoció: era un llanto contenido. Como tantas veces en largos años, en toda su vida, no escuchó respuesta a su pensamiento de extrañeza porque sus ojos no podían preguntar; tuvo que hablar:

—¿Qué os ha ocurrido? ¿Por qué llora Isabel? —esperó igual que cuando niño nadie atendía sus palabras y se distraía en dar palmadas: movió los dedos sobre el libro. Una silla cambió de sitio, alguien se ponía de pie o se sentaba, alguien denotaba su presencia muda y discreta—. Creo que os ha ocurrido una desgracia. Es tan fácil en estos tiempos, pero decídmelo. Vosotros sois para mí la única familia, sois más que hermanos.

—Vivimos calamidades que a todos alcanzan.

—Yo necesito estar aquí con vosotros, que me leáis, es la única ayuda en todo el día...

—Bueno, sea como quieras, un momento nada más.

Le quitaron el libro de las manos y la voz lenta y monótona dijo: "De este modo, el ser de un momento pasado ha vivido, pero ya no vive ni vivirá; el ser de un momento futuro vivirá, pero no ha vivido ni vive; el ser de un momento presente vive, pero no ha vivido ni vivirá." Bien, ahora ya basta. Otro día leeremos más.

—Es un pensamiento difícil de aceptar, pero lo meditaré. Me hace mucho bien oírte.

—Nuestra época es demasiado terrible para encontrar la verdad.

—Es triste que pase día tras día sin ninguna esperanza, salvo venir a reunirme con vosotros.

—Esta tarde no podemos hablar. Es mejor que te vayas.

—Comprendo que sufrís por algo. Me marcho muy apenado. ¿Qué os ha sucedido? ¿Y el libro? ¿Queda aquí? Dejádmelo hasta mañana...

—Pero ¿por qué te lo vas a llevar? No te dirá una sola palabra.

—¡Dejádmelo, aunque no pueda leerlo, que venga conmigo y me hará compañía y me protegerá hasta mañana.

—¿Y si lo pierdes? Nos quedaremos sin él. No tenemos más que ése.

—No se separará de mí. Será un trozo de mi cuerpo y no lo perderé.

Tanteó sobre la mesa, lo cogió y lo apretó contra el pecho.

—Adiós a todos.

Sin oír las palabras que le decían, bajó a la calle muy rápido, como si hubiera cometido un robo y tuviera que huir, pero no bien anduvo unos pasos cuando un grito lejos le hizo detenerse. En seguida el grito se fue haciendo agudo y se transformó en una sirena que se acercaba trayendo su amenaza. Prestó atención más allá de su aullido, pero el temor de la sorda explosión que había oído otras veces le hizo pegarse a la pared. Algunas personas hablaban cerca. Alguien le empujó.

—¿Qué hace usted ahí? ¡Métase en el refugio!

Le arrastraron con fuerza. Bajó unos escalones, fue entre otras personas que hablaban a gritos y descendió una escalera, sintiendo un mano robusta que le sujetaba por un brazo, y al final se estuvo quieto, esperando algo, escuchando estampidos cercanos, entre cuerpos que le apretaban y palabras perdidas que hablaban de los bombardeos, y su paciencia se ejercitó en aquella espera tensa y amenazada, aunque le rodease tranquilidad y calor y sus dedos tantearan el libro en el bolsillo, y cuando pasó el peligro salió fuera y emprendió el camino de su casa sobre un suelo que le habían advertido estaba cubierto de cristales.

Yendo así se llevó la mano al bolsillo y ya no encontró el libro que como un talismán le había protegido hasta entonces y al que su pensamiento se había vuelto en aquellos días como una culminación de sus preocupaciones e ignorancias del mundo que le rodeaba: ahora el bolsillo estaba vacío, igual que sintió súbitamente el centro del cuerpo, y sólo pensó en recuperarlo; con pasos precipitados, regresó al refugio, bajó la escalera y se lo explicó a quienes allí estaban, y ellos le dijeron que no y le aseguraron que no estaba allí ni nadie lo tenía. Presa de una gran inquietud, ya en la calle volvió a hablar con otras personas y todas las respuestas que le daban era de que nadie se interesaba por libros en unos momentos como aquéllos. Tanteó el suelo, aunque inútilmente, y arrastrado por una desesperación profunda fue hacia su casa, aunque todo le decía que allí no podría encontrarlo, que no estaría encima de la mesa y que nada conseguiría encerrándose entre cuatro paredes.

El bastón rebotaba en los adoquines y los pies tropezaban al cruzar las calles sin precaución como nunca las había atravesado: pero no pasaban autos y sólo ruidos lejanos le aseguraban que iba a través de un barrio desierto en el que nadie le prestaría ayuda, pese a que le era muy necesaria, ante todo porque si el libro se le había caído en la puerta del refugio, estaría en el suelo, entre los cascotes y escombros, y sería fácil encontrarlo de tener vista, pero precisamente recurría a una persona que si le aceptaba no le daba otra ayuda salvo lavarle la ropa y hacerle la comida y estar en su cama pasivamente; sin embargo, se encaminaba hacia aquella mujer como única ayuda y al subir la escalera no sabía bien cómo decírselo y cómo explicar lo que era un libro lleno de palabras que para él tenían valor fundamental porque con ellas intentaba arrancarse de delante de los ojos la sombra y la distancia con cada una de las cosas que le rodeaban.

Abrió la puerta y el silencio que encontró detrás le desalentó, pero en seguida un olor intenso que conocía muy bien le extrañó y le produjo alarma; corrió a la cocina y desde la puerta oyó el silbido del escape y ya sin respirar fue a cerrar la llave y abrió la ventana y agitó los brazos para renovar el aire; al salir al pasillo volvió a notar el olor, tan denso que en su cerebro hubo una descarga. Gritó: "¡Carmen!", y al no tener respuesta, fue habitación por habitación tanteando el suelo con pies y manos y llamando, aunque inútilmente: "¡Carmen, Carmen!", a la vez que abría las ventanas y respiraba hondo junto a ellas las ráfagas templadas y puras. Llegó a al alcoba y esta vez la piel de la nuca se erizó al extender las manos hacia la cama y tocar carne, un cuerpo desnudo de mujer que recorrió y reconoció con espanto y que ahora tenía una rigidez desconocida.

Le acarició la cara y le movió los brazos y la cabeza, pero de pronto sus dedos rozaron otro cuerpo y pasó a palpar otra mujer también desnuda que él no podía imaginar quién fuese y que le arrojó a una hondonada de horror aún más incomprensible cuando sus manos llegaron a las piernas y las encontró trenzadas, rígidamente entrelazadas las inefables morbideces que le golpeaban la cabeza como mazas al reconocer que estaban ceñidas a las de Carmen tan fuertemente como raíces o tallos de hiedra o miembros de amantes crispados de pasión.

Sacudió a las dos mujeres, pero los brazos y las manos caían pesadamente al levantarlos. Ya no llamó más y sólo deseó huir, escapar de nuevo a la calle, ir a la de Ruiz, a buscar su libro y apoyar en él la cabeza y que sus palabras consoladoras inundaran de paz su cuerpo helado, del que se desprendían una tras otra las habituales sensaciones, reduciéndose a un único golpeteo en el pecho como el del que anda a saltos y a tropezones entre restos de casas hundidas y nubes de polvo.

Me hubiera bastado haberle cogido del brazo y haberle empujado suavemente hacia la pared para convencerle de que bajara al refugio cercano a Quevedo y allí mantener con él una conversación que habría aceptado, y haberle dicho que todos —no sólo él, sino los que vemos luces y sombras— estamos ciegos, como si anduviésemos con la cabeza vuelta hacia atrás de manera que no podemos sino manejar recuerdos ya inalterables para trazar cálculos y quimeras.

Todo para sustituir al libro perdido, porque acaso cuando yo le encontré ya habría estado en su casa y habría comprendido lo más inesperado para él, o quizá iba hacia allí, y en ambos casos le hubiera podido ayudar si es que él necesitaba que alguien le dijera: "Te engañan: no hay presente, tu vida únicamente es el pasado, la ceniza de un tiempo que tú no vives, sino que está ya hecho y tú te encuntras con él en las manos, convertido en recuerdos. No sabrás nunca nada, todo es inútil, deja de buscar ese libro."

Aunque yo me pregunto: ¿para qué iba a ayudarle? Hice bien en zafarme de él, dejarle solo entre la polvareda y el estrépito de los hundimientos, que corriera a la misma muerte que todas las personas que estaban en la calle.

Ventanas de los últimos instantes

Dos hombres disparan desde un rincón de muros y cascotes. Invisibles fragmentos de metralla vuelan en torno suyo; les rodea una espesura de balas rebotadas, de ruidos imprecisos, de nieve y lluvia, de truenos de antitanques. De vez en cuando un crujido amenazador, y trozos de tabique se desploman cerca de ellos: un polvo rojo de ladrillos rotos se alza como una gasa ensangrentada. La noche y toda la mañana defienden la posición, un minúsculo cuadrado de tierra bajo sus pies, un suelo encenagado de agua y orines, papeles y restos de comida.

Después del segundo cañoneo hay unos minutos de calma. Se miran.

—Repíteme lo que dijo. Dímelo tú.

—¿Para qué quieres oírlo? ¿No lo sabes?

—... como un siglo que lo he oído. No recuerdo bien.

—Lo recuerdas tan bien como yo, porque no has pensado en otra cosa.

—¿Iba a pensar en eso mientras nos rondaba la muerte?

—Sí, por qué mentir, como yo: los dos no tenemos otro pensamiento desde que ese hombre nos pasó su veneno.

—Lo dijo, sí. Ahora ya no lo dirá más —y hace un gesto hacia uno de los cuerpos que aplastan la cara contra el muro aspillado.

—Qué importa. Lo hablaremos nosotros y no nos lo podremos quitar de la cabeza. Porque yo también...

—Es tan difícil en un barrio vacío, evacuado totalmente, sin agua, sin luz.

—Será un sueño, una mentira: yo prefiero creer que es así.

—Lo explicó bien claro.

Se mete en la boca un trozo de nieve y la masca.

—Hay sueños muy claros.

—En estos meses todo es posible aquí; parecemos locos.

Vuelven a sonar disparos frente a ellos y de nuevo todo el estrépito de un ataque se les viene encima y el suelo tiembla. Unas veces se creen solos y dan voces de miedo y rabia y otras oyen carreras allí cerca y el escape de una ametralladora próxima. A sus lados, encogidos como ropa vieja, hay cuerpos inmóviles. Sobre ellos se inclinan los dos soldados y les van cogiendo de las cartucheras la munición que les falta. Asoman los fusiles por las troneras y apuntan precipitadamente a las arboledas del Parque del Oeste y al terreno donde los morterazos hacen saltar trozos de tierra oscura.

Con el atardecer decrece el ataque y viene un poco de calma. Los dos hombres también se tranquilizan, tosen, se hacen un gesto, se pasan las manos por las mejillas sin afeitar, se rascan debajo del casco.

—¿Tendremos que pasar otra noche?

Suena cerca un silbato. En la posición entran tres soldados y ellos retroceden y se unen a un grupo de la misma brigada. En la penumbra apenas se ven las caras, no se conocen. Tosen, se cierran los capotes y las bufandas en el cuello, encienden cigarrillos. Un oficial con la cabeza vendada les quiere hablar, tartamudea palabras que ninguno entiende.

—¡Qué noche tan fría va a hacer! —exclaman. El grupo parece dispuesto a marchar; se acercan a un boquete en un muro, miran por él, se asoman a su oscuridad esperando algo que les vendrá del lado contrario del combate. Los dos soldados se han quedado los últimos y cruzan sus miradas. El más joven se pone la mano sobre los ojos.

—Me duele la cabeza, igual que un clavo en la frente, pero no obstante... me iría a la casa encarnada —y al decir esto hace una mueca con los labios como una sonrisa. El otro parece pensar, fijo en el suelo.

—Sí, también yo. Lo único que nos compensaría de este terror que vivimos ahora, de este cansancio, si fuese verdad lo que nos contó.

Oyen ruido de cacerolas que traen dos furrieles. Todos se agolpan, dejan los fusiles apoyados en las paredes, tienden los vasos hacia una garrafa que reparte vino, callados, temiendo despertar con sus voces los peligros ahora sosegados. Esperan quietos el rancho.

—Él lo decía con mucha seguridad, parecía convencido.

—Aunque fuera un sueño, me gusta creerlo. ¿Cómo puede mentir un hombre poco antes de morir?

—Nosotros ahora podíamos estar como él y, en cambio, vivimos. Iremos a la casa encarnada y buscaremos.

—Yo puedo ir ahora, luego vas tú. Si no la encuentro, te lo digo.

—¿Y por qué has de ir tú?

—Porque yo... necesito tocar su carne y besarla, es muy bella, él lo dijo y lo creo.

—¿Y yo no? Fue a mí a quien se lo dijo,

me hablaba a mí, estábamos cerca y veía que yo le escuchaba y le creía.

—Él hablaba para todos, no se dirigió sólo a uno, quería que lo supiéramos por si eso podía darnos un momento de esperanza y cuando esto acabara nos encontrásemos con ella y supiésemos cómo es una mujer.

Alguien les llama para que se acerquen al grupo y pongan los platos y echarles rancho caliente. Silenciosos, sin mirarse, esperan su turno y luego se apartan y lo toman sorbiendo.

—Me voy, no espero más; aquí estaremos toda la noche, da tiempo de sobra.

—No vayas, quiero ir yo el primero, déjame a mí.

—Espérate, yo veré si es verdad, conozco el sitio, no tardaré nada en llegar.

—El que va soy yo, tú aguardas, primero yo.

—¿Y eso por qué? ¿Qué eres tú más que yo? Los dos una mierda, somos iguales, mañana o pasado habrán terminado con nosotros, de ésta no nos salvamos.

Aumentan los disparos, se ven fogonazos muy próximos y hasta donde están llega una granizada inquietante que golpea las paredes y hace saltar trozos de revoco. Los hombres se agrupan en el fondo de la posición.

—Bueno, pues a suertes, a cara o cruz —saca una moneda, se la pone en la palma de la mano— Yo, cruz.

—Yo, cara.

La moneda sube en el aire y cae al suelo. Los dos se arrodillan y con la llama de un encendedor la iluminan.

—Cara. Voy yo, ahora mismo, espérame aquí.

Se asomaría a la calle cerrada por montones de escombros, por la caída incesante de los menudos copos. Vacilaría un momento, mirando a un sitio y a otro, pisaría la nieve crujiente, escucharía atento. No se oía un disparo, ni una voz, ni un auto… El soldado avanzaría por calles desiertas, pegado a la pared, sorteando grandes hoyos en el suelo. En un cruce dirigiría su mirada hacia la izquierda: la superficie perforada de una fachada inmensa le haría detenerse, levantar los ojos hasta los últimos pisos: una enorme cuadrícula de ventanas negras, extendida en todas direcciones, dañándole con su igualdad repetida. Por primera vez se fijaría en que balcones y ventanas estaban abiertos, alineados, dispuestos para una visión incomprensible que aumentaría la soledad del barrio deshabitado: se asomaría una mano o una cabeza de alguien inclinado para verle marchar sobre la nieve.

Atento al suelo, seguiría hacia el chalé y junto a éste la casa encarnada, tan alta que se hundía en la niebla. Al llegar frente a ella se encontraría con el portal sombrío y tendría miedo. Cautelosamente, con las manos extendidas y tensas —como un sonámbulo que se obstina en andar a través del sueño—, entraría, bajaría unos escalones tanteando la pared. Echaría la cabeza para atrás y gritaría con fuerza: " ¿Dónde estás? "

El grito se perdería por mil sitios y llegaría lejos, pero nadie contestaría. Otros gritos habrían cruzado aquella casa y habrían tenido su respuesta por el hueco de la escalera o detrás de puertas cerradas, pero ahora el soldado no oiría ni una voz lejana ni un susurro cerca de él. Un silencio total.

Daría unos pasos, torcería a la derecha y desembocaría en un patio más sombrío aún que la calle, donde la humedad, las basuras, los restos podridos, precipitaban la noche. "¿Dónde estás?", volvería a gritar.

Al fondo vería un imperceptible punto de luz a ras del suelo. Se aproximaría a él despacio, se agacharía y pasaría su mirada por un ventanuco. Allí arrodillado dejaría de respirar largos segundos; la luz venía de una vela puesta en una mesa. Junto a ella habría una mujer muy vieja que se inclinaba sobre su labor, que las manos, pequeñas y delgadas, hacían con presteza. Vería su cabeza casi blanca y el gesto atento, los ojos bajos rodeados de arrugas y sombras que la vela proyectaba sobre la anciana que cosía en silencio.

"Eh, madre —diría con voz forzada, erizado y sometido a una angustia profunda—. Eh, soy yo" —y con los dedos ateridos tamborilearía en los cristales de la ventana, pero a esa llamada la madre no contestaría ni se daría por enterada y toda su atención sería para el movimiento de la aguja. "¿Qué haces ahí? ¿No me oyes?" Creería que hablaba, pero acaso ni llegaría a pronunciar tales palabras y se sentiría traspasado de aire húmedo y de soledad. Cerraría los ojos, se levantaría y pensaría buscar la puerta de aquella habitación, pero en seguida se daría cuenta que era inútil, que ya nunca podría volver a cruzar la palabra con su madre, ni allí ni en ningún sitio, y rozaría la pared como el único apoyo posible. Daría unos pasos y percibiría otro pequeño resplandor, y volvería a agacharse y a mirar ávidamente: dos mujeres, una frente a otra, charlaban y accionaban en una conversación que no podía oír. Y esta vez estaría allí mucho más tiempo, intentando comprender algo, entender el diálogo de sus dos primas, a las que reconocía claramente, como las viera la última vez, pero hasta él no llegaría nada de su voz y el cristal de la ventana resultaba un muro cerrado. Sí, allí olvidaría las balas cruzando por encima de su cabeza como algo pasado hacía muchos años, y largo rato seguiría la charla automática de las dos mujeres sentadas frente a frente. Sólo el agua de un canalón goteaba en algún sitio del patio.

"¡Casilda, Casilda!", llamaría por oír su propia voz en aquel patio de muerte, aun sabiendo que era inútil llamar a los que no tenían ningún nombre.

Comprendería que debía apartarse de allí y buscar a la otra mujer, por la que había venido, una mujer guapa, carnosa, y con esfuerzo echaría un vistazo alrededor y se acercaría a otro ventanuco herméticamente cerrado y después a otro y a otro, y en el tercero habría una ranura iluminada y por allí sorprendería la figura de una mujer joven que afanosamente peinaba su larga mata de pelo bajándole por los hombros. Un peine pasaba una y otra vez a lo largo de aquel pelo oscuro y la mano blanca, lo único que se destacaba en la penumbra, subía y bajaba incansable en la tarea que él había visto hacer tantos días a su hermana, desde niña, con gestos repetidos mil veces.

Miraría aquella cara apenas perceptible y querría comprender por qué su hermana estaba allí, qué hacía ante él, qué quería decirle, pero aquella noche nada tendría aclaración. Desviaría la mirada, primero hacia la oscuridad de la habitación, luego hacia el cerco de la ventana, a la pared, al suelo de nieve sucia, y pretendería volver a la calle. Pero con toda seguridad no le sería posible encontrar el camino.

El soldado que aún tiene en la mano la peseta murmura:

—¿No querías ir? ¿Por qué no lo haces? Aprovecha.

Pero no tiene contestación. Mueve a su compañero, le coge del capote y percibe el peso del brazo abandonado. Le va a iluminar con el encendedor, pero se contiene: comprende que le ha llegado el turno, él ahora tiene que ir a la casa encarnada, salir por el boquete del muro y asomarse a la calle cerrada por montones de escombros, por la caída incesante de menudos copos de nieve.

Mastican los dientes, muerden

Amanecía entre las opacas oscuridades de la
gente encogida en sus abrigos, silenciosa en el descanso interrumpido de los ojos velados que la primera claridad del amanecer iba entreabriendo en la
compacta fila de bufandas y pañuelos por las cabezas
con que abrigaban aún el sueño, cortado en lo mejor para bajar a la calle y tantear la oscuridad hasta
llegar a donde se alineaban mujeres y algún viejo y
donde se destacaba la figura más alta, erguida sobre
sus miradas. Bastaba una ojeada a la cola para dis-
tinguirle; diferente del tamaño, color, locuacidad,
educación, de los demás, tapados hasta las orejas,
unos medio dormidos y otros charlando incansables.
Llegó la luz de la mañana otoñal, comenzó
a pasar gente de prisa, cruzaron coches, algún camión, y los cierres de la tienda colectivizada subieron para anunciar que empezaba la entrega del suministro. En rigurosa fila, apretados contra la pared
y contra su mayor enemigo, pecho contra espalda,
brazo contra brazo, sosteniendo las miradas desde su
sitio, anhelando que aquello terminara y, aún peor,
que empezara de nuevo para extender las manos y
recoger lo que fuera, a cambio de unas monedas
que siempre parecían pocas, tanto valor tenía lo que
daban, uno a uno, a los de la larga fila, que peleaban entre sí, se amenazaban o desafiaban en cuestiones referentes al lugar que ocupaban porque eso era
lo único que podía hacerles pelear y sacarles de su

obstinada meditación sobre la utilidad que darían a unos trozos de bacalao o unos granos de arroz.

El hombre alto estaba atento al movimiento de la cola, atento a los sacos que se veían dentro de la tienda y cuyo contenido, pasadas unas horas, estaría —cocinado y caliente— en el centro de la mesa, sobre el mantel, idea ante la cual sonrió moviendo los lados de la cara y trazando dos arrugas bajo las mejillas. En el comedor se extendía el olor de la comida, todos iban llegando y se sentaban rápidamente en sus sitios.

Tenían bastantes años, pero aún los dientes brillaban al abrir las bocas; relampagueaban cuando, para reír o burlarse, los labios se separaban y dejaban aparecer las dentaduras afiladas, dispuestas a morder en la risa, a desgarrar en las veladas amenazas, a masticar cuando, la boca cerrada, se movían las mandíbulas por los rezos o el mascullar pensamientos privados, contra alguien al que siempre se deseaba devorar.

Las comidas de cada día eran un festín después de una batalla: los modestos alimentos comunes a todos, repetidos hasta la saciedad, eran los despojos de una hecatombe sobre los que la respiración se inclinaba fatigosa y las miradas se movían con prontitud y los dedos se adelantaban a los tenedores y casi el destello de los cuchillos relampagueaba entre el brillo de los dientes aguzados que igual a garras se tendían hacia la comida humeante en el centro de la mesa.

Igual que en una comida funeraria, los rostros en torno, estaban blancos y rígidos, demacrados y tensos, fijos en el centro del círculo mágico que formaban con su hambre, su decepción, su vaga esperanza, atentos al recipiente con un líquido oscuro acaso pastoso, levemente irisado, en el que se hundía el cucharón y parsimoniosamente se iría volcando en cada plato, uno por cabeza, y luego vuelta a empezar hasta que la sopera quedara vacía.

Las cucharas entonces subirían a las bocas con rapidez y, para acortar el camino, las cabezas se inclinarían hacia adelante y los sorbidos que como único idioma se oían parecerían una sarta de maldiciones, de jaculatorias diabólicas contra aquella forzada unión, tan insatisfactoria, en torno a una mesa cuyo centro había quedado ya vacío y así amenazaba continuar hasta que la ira de las miradas entrecruzadas de todos hubieran descubierto que allí no había más esperanza y que, efectivamente, estaban condenados a sentir la desoladora hambre, mirándose unos a otros como máxima insatisfacción.

Solamente la madre sonreía irónicamente. Se levantaba la primera y se iba a la cocina y allí se la oía hacer ruido y mover cacharros y otra vez las miradas se cruzaban, entendiendo el pensamiento común que era la sospecha de que la mano pequeña y blanca de la madre, de debajo de un cacharro habría sacado un pastel o una fruta, o un mantecado, o una rosquilla de pueblo, o uno de esos bollos que a ella le gustaban antes de la guerra, bartolillo, con su crema interior...

La envidia inmovilizaba las caras como camafeos en la oscuridad del comedor, alumbrados por la lámpara central, camafeos antiguos de una época de atrocidades y pasiones, cuando las pelucas blancas y las melenas sobre los hombros enmarcaban los rostros impacientes y crueles recluidos en el marfil que conservaría el recuerdo de aquellos que la guillotina echaba al cesto alto y sangriento.

Ahora pasaba el rencor a un círculo más próximo y los que por alguna razón no querían levantarse de la mesa —que no les daría más— se estudiaban y medían para descubrir cuál de ellos en algún escondrijo de su cuarto ocultaría quién sabe qué deliciosos alimentos. Y como pasaban así en silencio expectante unos minutos, la madre aparecía en la puerta y volvía a sonreír.

Algo les hacía levantarse moviendo las sillas y como distraídos, distantes, cuando la verdad es que estaban allí unidos por cortas ataduras de desconfianza. Sí, la comida había terminado y había que pensar en salir a buscar más, la del día siguiente, y preguntar dónde darían algo, en qué tienda, en qué barrio, en qué economato descargarían unos sacos y los repartirían a los que corrieran a formar fila, con bolsas de hule al brazo.

Entre las discusiones, algún empujón, el hombre llegó delante de los empleados que hacían el reparto y abrió la bolsa para recoger aquella compra que más parecía una limosna de las que los conventos daban antiguamente a los pordioseros de la comarca que se alineaban ante una puerta para que un fraile sonriente distribuyera en las escudillas cucharadas de una sopa santa a una cola agitada y procaz, extrañada de ver a un hombre casi en edad militar, correcto y altivo, que extendía su bolsa y recogía doscientos gramos de lentejas a la vez que un empleado cortaba unos cupones de la cartilla de abastecimiento y se la devolvía y recibía el dinero, unas monedas de donde los ojos subirían a la mujer que pesaba las lentejas y largamente mantendría en ella sus miradas, en los hombros, en los brazos, atravesando el modesto jersey, presionándola como con las yemas de los dedos, en todas las zonas más sensibles, aunque estuvieran cubiertas en la mañana de otoño con ropa tupida y bien cerrada.

No en todas las tiendas había una mujer joven, de rostro serio y atento, con un cuerpo bien modelado y apetecible, que hablaba poco y sólo frases precisas mientras manejaba aquellos modestísimos artículos que estaban destinados al suministro, pero que eran antes manipulados generalmente por personas nerviosas, agitadas en cóleras pasajeras, muchas veces inmotivadas y que acababan anidando en los mil rincones de las caras y trazando en ellas unas caretas que lindaban con los rictus del odio.

En todas las tiendas, desde que se anunciaba el reparto del género, había visto un estremecimiento desesperado igual que si aquella operación tan sencilla en apariencia fuese un desgarramiento de las entrañas, que unos a otros se lacerasen con dientes de lobo. Pero la mujer estaba sorprendentemente tranquila, complaciente y a la vez severa, sin caer en el remolino de las pendencias, de los gestos amenazadores, de las discusiones. Y él la sonreía seguro de que algún día ella le separaría de las personas vociferantes y le aislaría entre todos y le distinguiría por su tranquilidad y su educación, intuyendo que la cortesía era un ropaje digno, un uniforme que se ponen sobre los hombros los elegidos para suavizar las costumbres. Como se decía siempre a las horas de comer, insistiendo mucho Ernesto en que las épocas adversas deben demostrar que las personas han sido forjadas en el control que da la urbanidad, control de uno mismo en los momentos peores para diferenciarse de los que son arrastrados por arrebatos o altercados sobre cuál sitio ocupaban en la cola o si les habían empujado o no.

Salió a la calle despacio y contempló aquella fila siniestra y convulsa ante la idea de que los sacos de lentejas se agotaran, para pensar otra vez insistentemente, alucinación que vuelve, gira y atormenta, en que la casa tenía que estar a la fuerza llena de cosas comestibles porque no podía ser de otra manera. Un gran piso, con muchas habitaciones, repletas de muebles, y éstos, antiguos y pesados, con mil cajoncillos y posibles escondrijos donde era fácil guardar hasta una libra de chocolate y nadie la encontraría, porque todo era ocultado para no repartirlo, como pasó con el trozo de queso, que estaba encima del escritorio, sin saber cómo lo había dejado allí, y entró el tío Pepe Luis y lo descubrió y suplicó un trozo y ante la negativa le ofreció su estilográfica, que era de oro, tenía cierto valor, pero en el cambio con aquel pedazo de queso probablemente había salido perdiendo.

Un trozo de queso auténtico que había llegado de la Mancha por caminos tortuosos para cambiarlo no por dinero, sino por algo de ropa o hilos, y que debía de haberlo guardado mejor para que nadie hubiera visto su color blanquecino con los bordes de la corteza que reproducía en relieve la trama del cesto de mimbre donde se formó, ni tampoco el medio de bola que le habían dado las hermanas de García Sancho, con suave cáscara de cera roja tan suculenta al tacto de la palma de la mano puesta francamente en el brazo, sobre la molla del músculo bíceps, el primer día que ella dejó que la acompañase al terminar su trabajo en una oficina del Ayuntamiento empaquetando ropa para Intendencia. Ya no era ninguna niña y, sin embargo, iba un poco azorada, sonriendo e interesada por lo que él la contaba con voz tranquila, buscando los temas que ella conociese, para decir alguna broma y hacerle reír, con todos aquellos líos de las colas y los zipizapes tan frecuentes en que parecían que iban a matarse, tan distintos —pensaba él— de las conversaciones de sus amistades... Esta maldita guerra... Cada rincón de la casa servía para guardar recuerdos, poco a poco esfumados en el fluir lento de los días ociosos y ahora en la alterada corriente de una época imprevisible y dolorosa.

Una parte de la tensión diaria tenía un motivo más para ejercitar la intuición al estilo de las novelas policíacas siguiendo la técnica de los detectives: dividir cada habitación en parcelas y pensar cuidadosamente, intentando abrir cada reloj de pared, cada rincón donde pudiera haber escondido un trozo de salchicha o almendras.

Siempre la busca reservaba una sorpresa, aunque no encontrasen nada, pero sabían que allí había guardado algo comestible, tras un armario cargado de ropa vieja o en la caja de música que no sonaba.

—¿Qué estás buscando?

Una vez y otra la pregunta —burlona o colérica— restallaba en el ropero o en el gabinete.

Allí había mucho que buscar, aunque la eterna contestación fuera el *nada* que como una mentira insultante dejaba caer fríamente, en especial al tío Pepe Luis o a su padre, que con la diabetes no podía probar el azúcar, y, sin embargo, una mañana de búsqueda dio como resultado encontrar en el revés de una moldura del cuadro más ceremonioso un bollo, verdadera obra de confitería cara que él había guardado, tal como reconoció con furia contenida por el peso de sus ochenta y siete años. Un fantasma que vagaba incansable por la casa vigilando lo que pudiera hacerse sin contar con él, sin tenerle a él en cuenta, que sin entender lo que le hablaban ni oír bien ni poder fijar su atención en nada, con los ojos oscurecidos, exigía que se le siguiera teniendo como eje de la familia, de unas personas que esperaban con indiferencia su necesaria muerte sólo retrasada por una desesperada fijación a todos los caprichos que pudieran darle alguna satisfacción casi vegetativa en su insensibilidad. Y vagaba en la tarea de esconder en sitios extraños lo que el hambre incontenible le aconsejaba.

—¿Qué estás haciendo ahí?

Lo que todos, en pugna por sobrevivir precisamente en contra de los demás, pese a los demás,

como el tío contaba de los soldados en la campaña
de Melilla.

Y lo que se encontraba se devoraba allí mismo, sin pérdida de tiempo, sin preguntar de quién
era, ni qué hacía en aquel sitio, porque su dueño tampoco lo reclamaría por no revelarse y sólo se descubriría por la mirada aún más turbia en los breves
encuentros en la casa, entre la acumulación de viejos
elementos suntuarios que había que bordear para ir
de un sitio a otro, canales por los que navegaban
afanosamente en busca de algo para comérselo, o usaron cuando niños para jugar y reírse con bromas que
se decían, las bromas que se oían a las mujeres de
la cola, verdaderas barbaridades que eran pretexto
para cogerla del brazo y al soltarlo acariciarlo ligeramente, esforzándose por ser correcto, porque un
hombre que había recibido una formación como la
suya aun entonces tenía que actuar como un caballero.

Claro que no debía hacerse, no era ni elegante ni justo aprovechando un descuido, por estar
allí tan al alcance de la mano, ningún colega suyo
lo hubiera aprobado aunque dijese que era en plena
guerra y por una mujer de clase muy baja, pero cogió el anillo de la mesita que la madre tenía en su
cuarto, él que había ido buscando las pasas que seguramente se había guardado, lo había visto tan a
mano que se lo metió en el bolsillo y salió del cuarto
silbando.

Como siempre, esperar en la calle oscura era
un riesgo no porque estuviera desierta, sino porque
pasaban personas y algunas se sorprendían de verle
quieto, pegado a la pared, y estaban a punto de iluminarlo con el encendedor y contemplarlo con la
dura curiosidad de aquellos meses en que un hombre
parado junto a una puerta podía ser los comienzos
de un largo drama o el final de una lucha prolon

gada contra adversidades que nada puede compensar, ni siquiera un amor —como el que estaba cultivando en las esperas largas en calles sin luz— o un regalo de valor que alegra porque podrá ser cambiado —llegado el día— por billetes y monedas, bastando sacárselo del dedo y ofrecerlo al joyero tan fácilmente como antes la mano se tendió y el roce voluptuoso de la sortija entró hasta el fondo y un destello nuevo en la primera falange señaló el regalo.

Ella lo miró echando atrás la cabeza y luego puso la mano delante de la cara de él para que la besase, pero fue ella la que se adelantó y le apretó los labios junto a la boca con un movimiento rápido que no hubiera parecido una señal de afecto si no hubiera ido seguido de palabras a media voz con las que ella le revelaba que nunca había encontrado a un hombre al que pudiera querer tan ciegamente, que todo estaba lleno de él.

Sería verdad sin duda que durante las horas de suministro pensaba en él o mientras llegaba a su casa y estaba un poco con la familia o se lavaba en la cocina, aún más si le veía en la cola esperando con su bolsa, junto a mujeres y chiquillos, y aunque no se hablasen se miraban con insistencia y casi se sonreían: nadie debía descubrir aquellas relaciones admirables en el adusto pasar de meses de hambre y guerra, y aguardaba a que terminase el trabajo para encontrarse y cogerse las manos y pasear tan juntos que se rozaban las caderas, limitados a eso por estar en la calle siempre con testigos, como si fueran dos adolescentes.

Y luego todo se oscurecía para que las parejas buscasen la confidencia de un cine o calles donde la oscuridad permitiera todo, pero el anhelo común era una alcoba discreta donde fuese posible —quizá sólo se sentarían juntos en el borde de la cama— aquello que había pensado por la mañana en la cola, más lenta que otras veces. Cultivaba un amor en medio de alarmas y bombardeos, hasta que todas las cartillas de racionamiento de la casa —eran bastantes— se perdieron y hubo que denunciarlo a la Comisaría, y ella se apresuró a firmar en la declaración jurada para que las dieran de nuevo y las largas explicaciones y la difícil insinuación primera que él la hizo para proponerle aquello fue la situación de su casa. Era peligroso y parecía que lo obtenido no sería proporcional al riesgo, pero a todo se aventuraba por ellos, a los que quería que conociese, antes de lo cual sometió a una lenta preparación, describiendo las cualidades de personas que todo lo esperaban de él dada su incapacidad física y desvalimiento, por ser él el único que podía salir, luchar por conseguir comida.

Y el día que fue a visitarlos, cuando entró en la antigua casa, todos estaban esperándola en la sala: sentadas en butacas cerca del balcón la madre y la hija mayor vestidas de negro, y la prima Carmen de pie, con un brazo apoyado en la consola y con el otro alzando el visillo como si le atrajese lo que se veía en la calle hacia donde inclinaba la cabeza, y a su lado Javier también de pie meciéndose sobre las dos piernas con una chaqueta raída y blancuzca que salió del sastre hacía quince años, y enfrente de él, dando unos paseos, Ernesto, con el cuello vendado, rígida la cabeza, y en una silla, casi tapado por la cortina, el tío Pepe Luis haciendo sus muecas de resignación, solícito en la mirada, esbozando una palabra de humildad, de aceptación, que había tenido desde la campaña de Melilla, y yendo de un lado a otro, arrastrando difícilmente los pies, mirándoles como queriendo saberlo todo, el anciano padre, interrogando el acuerdo en que todos se unían para esperar allí la llegada de una mujer joven acompañada de Alberto, que la presentó dando su nombre.

Estaba convenido: en meses de quiebra de lo más querido había que sobrevivir por encima de toda otra consideración y ceder y aceptar costumbres que siempre habían mirado con desdén. Cuando llegaba una ocasión concreta y el provecho era algo realmente incuestionable y representaba duplicar la ración de lentejas, arroz, boniatos, azúcar, se podía hacer abstracción de la propia estima y tratar como un igual a quien fuese, comprendiendo las razones alegadas por Alberto, que, efectivamente, tenían un peso y eran acertadas.

Ella avanzó tímidamente hasta el centro del grupo, que permanecía callado, cristalizado en el esfuerzo que hacía para ponerse en consonancia con una mujer sencilla que saludaba sonriente.

Después, la vieron siempre con el vestido de flores, el de una criada, aunque no fue a visitarles muchas veces a causa de aquella inspección que hicieron en la tienda, después de llamarla a un interrogatorio que contó a Alberto, tan diferente al empaque de la madre, que, como si fuera una auténtica madre, le tendió las manos y la cogió por los brazos para besarla en ambas mejillas, donde se extendió la palidez del susto, aunque ella, segura, había hablado con pocas palabras, esperando que los funcionarios la dejasen ver qué sospechaban sobre las cartillas, pendientes todos de sus movimientos como si fuera un animal exótico que alguien hubiera traído a la casa para distraerles, y calibraron sus aptitudes o su disposición a ser engañada, según hacía el tío Pepe Luis adelantándose a hablarla, expuesta a una sospecha grave de falsificación que se delataba por sí misma y porque habían aparecido cupones de las cartillas perdidas, con las que ellos podían alimentarse un poco más a su edad, faltos de todo, gracias a Alberto, que iba a las colas, ya que era joven, o el más joven, añadió Javier, aunque allí de pie parecía súbitamente combatido por los años en sus arrugas, su pelo canoso.

Acaso ella era una persona de esas que no necesitan que la cara del que aman tenga tal o cual proporción o, mejor, que no perciben una boca sumida, ni ojos hundidos, ni una excesiva distancia entre nariz y labio superior, porque se volvió hacia él con simpatía, mirándole junto al cuerpo raquítico del padre que avanzaba en su impertinencia, incluso capaz de confiar en los rasgos de su cara, aunque fuesen como las huellas que, al querer ser amables, aparecieron en todos los rostros, al darle la bienvenida y saludarla e interesarse por su trabajo, lo primero que peligraría si descubrían que ella había estado haciendo aquello durante bastantes semanas, lo que oyó Alberto con respiración entrecortada por el esfuerzo de pensar, precisamente cuando planeaba que fuera a casa más a menudo para que se acostumbrasen a verla y un día, inadvertidamente, la metería en su cuarto, a lo que ella habría accedido, pero la mayoría de los familiares lo que querían era atraerla para conseguir algún favor en el suministro, en parte porque no estaban enterados de cómo funcionaba y en parte por la costumbre de cuando su padre fue senador, y ante ellos, fijándose en los muebles y en tan abigarrada decoración, ella estuvo varias tardes allí hablando nimiedades que todos esperaban cortar para decir frases interesantes, pero éstas nunca salían en la expectativa de tomar la palabra y asombrarla.

Un hielo de espanto les clavó entre mesitas de laca y banquetas de caoba cuando supieron que podían pagar muy caro la doble ración de azúcar o de arroz, y Alberto ahora les pedía a ellos una so-

lución de aquel riesgo que le animaron a correr con
tanta frivolidad.

Y ella, al escuchar lo que le dijeron en el interrogatorio, decidió pedirle que la ayudase como le
fuera posible, realmente cogida de un pánico de
animal indefenso, pero ya no pudo hablar con Alberto porque éste no volvió a presentar su alta estatura y prestancia en las colas y sí en la antesala de
la Comisaría y en el despacho del comisario, sin recelo alguno porque él sabía expresarse, y le pidió
escucharle en la mayor reserva con idéntica seriedad
y circunspección que él mantuvo siempre en la fila,
y reconocer que él y su familia habían sido víctimas
de un abuso de confianza, de una explotación por su
desconocimiento de tales cuestiones, y que habían
accedido a la propuesta de una conocida, la que con
ojos tiernos le veía ir avanzando entre mujeres con
capachos. ¿Sería superflua aquella aclaración? Eran
responsables, pero también con el atenuante de que
los ancianos y enfermos sólo se prestaron a ello, no
se habían beneficiado del doble suministro y creían
no tener relación con aquel documento que ella, con
su mano áspera y caliente, en la que brillaba discreto
un anillo, se había apresurado a redactar y avalar.
¿Podían pedir reserva de su deseo de que no tras-
cendiera a ella? Sí, toda la familia asumía la responsabilidad que le incumbía, aunque exculpándose,
como era casi un deber. Porque si había culpables,
era la empleada del economato.

Que era grave no había duda, el castigo llegaría o no, la interesada hablaría claramente o la
retendría alguna razón —el respeto tal vez—, pero
de nuevo en el salón, reunidos en torno a los padres sentados, la espera se prolongó tiempo y tiempo, permitiéndoles hacer toda clase de cábalas, sólo
distraídos por ligeros bostezos de apetito contenido, agotando las previsibles consecuencias de aquel

desagradable contratiempo de los muchos de una guerra, hasta que a las ocho de la noche sonó el timbre en el lejano vestíbulo.

Las caras se volvieron hacia allá, con una expresión atónita, y todos, sentados y de pie, compusieron el grupo de una fotografía familiar sorprendidos en agradable reunión de balneario cuando los estómagos ahítos reposan en sillones de mimbre y la conversación versa, despreocupada, sobre la campaña de Melilla.

Aventura en Madrid

Muchos perfiles de ciudades, mejicanas, francesas o enormes puertos del Pacífico: perfiles de ciudades que había visto desde el tren, desde las carreteras, sin parecido alguno con el que tenía delante formado de tejados pardorrojizos, cúpulas achatadas, torres, chimeneas, una ciudad pequeña que iban a defender y al marchar con otros por campos de rastrojos, esperando órdenes para desplegarse, la veía a lo lejos, pegada a la costra seca de la tierra como un cuerpo caído, incomprensible para él, que sólo oyó algo sobre corridas de toros y buscaba ese conocimiento entre los hombres con los que había venido.

Ya en camino, en los primeros momentos de una decisión tomada precipitadamente, alguien le dijo: "Ahora vamos hacia el Sur"; para él, el Sur era la calurosa frontera mejicana, donde beber agua es riesgo seguro de mil enfermedades. Luego, en las estaciones repletas de mujeres y hombres sacudidos por una tensión incontenible, que gritaban y desencajaban los ojos, comprendió a dónde se encaminaba y decidió dormir. Lo consiguió escuchando acentos extranjeros, rodeado de compañeros ya dormidos, con pesada apariencia de estar fatigados y haber caído postrado en los sueños: para unos, una fiesta apenas comenzada; para otros, mujeres; los más, soñarían que se aventuraban por pasillos oscu-

ros. Él se obstinaba en repetir con su amigo Lange
una partida de dados, o de naipes.

Aquellos mismos compañeros, a la mañana
siguiente, intercambiaban cigarrillos, se daban nombres franceses y alemanes que al momento olvidaban,
confundían sus fisonomías severas, miraban el paisaje y aparentaban distraerse de todo lo pasado.

Rodeado de una lengua rapidísima que se
rompía en gritos, percibía la imprecisa finalidad de
aquel viaje que no podría de ninguna forma conver-
tirle en un soldado que en el patio del cuartel hace
los ejercicios. Aunque luego, llegados a una población y cruzadas sus calles, contempló un bombardeo
aéreo —casas que se hundían entre polvo que seca
la garganta, surtidores de agua en las cañerías rotas,
obstinadas mujeres heridas con niños en los brazos— y comprendió lo que nadie había previsto en
el acuerdo a que llegó con su vida de París, ni pre-
veían los documentos de filiación con los datos fun-
damentales de su persona.

La misma mano que los firmó, la misma que
en los sueños movía el cubilete de los dados, hizo
el ademán de no tener ya remedio y recogió su equipo de tela caqui, áspero material nuevo, como nuevo era el compromiso que había adquirido y que
consistía en aventurarse con objetiva frialdad, entre
el fragor que arrebataba a la gente de aquel país,
pero sin ponerse de su parte, condición que era imprescindible para la buena marcha que hasta entonces le había acompañado y de la que nunca descon-
fió, salvo cuando vio dos columnas de humo sobre
la ciudad y las pesadas nubes sobre torres puntiagu-
das y edificios que sobresalían del conjunto achata-
do, casi plano, como si esquivara los riesgos que trae
el hecho de vivir, de defenderse.

Lo que habría que hacer era dejarse arrastrar por el proceder de los demás, fundirse en otras

suertes, en otras trayectorias que no fueran la suya para sobrellevar la expectativa de lo que ocurriese. Sintió la gran incertidumbre que caía sobre él dispersando su atención, su pensamiento, el equilibrio necesario que requería aquel momento en que el teniente alzaba la voz y lejos oyeron el primer estampido y ante los ojos de todos se abrió el amplio campo libre y pelado que podía compararse con una escena donde iba a representar una historia de paladines, de asaltos a ciudades, de bastiones y fosos ya sólo posibles en una película americana. Un momento tan lejano a aquel otro en que el teléfono había sonado y sonado hasta que tendió la mano pálida, tanteó la mesa de noche y cogió el auricular a la vez que un paquete de cigarrillos caía al suelo mientras la telefonista le pasaba una comunicación con una voz de mujer que anunciaba a su amigo Olivier, que empezó por preguntarle si era verdad lo del viaje loco. ¿Y por qué no iba a serlo? Otras veces se había lanzado así y todo salió bien; no era el primero, y conste que lo decidía sin importarle la ironía de Lange.

—Sí, es un estúpido.

Lo era, pero tenía una energía rara que le contuvo varias veces de abofetearle, a pesar de que cuando estaba bebido, a lo largo de la noche, el alcohol le daba fuerzas colosales que debía aplicar, pero la voz de Lange le doblegaba imperceptiblemente. La curiosidad de Olivier exigía respuesta:

—Claro está que él no me ha obligado a decidir. Es conveniente conocer una guerra, alguna vez, una guerra en Europa; las otras son cacerías.

Eso era lo que hubiera preferido.

—Aquello también parece una selva, pero las aventuras deben realizarse sin meditarlas.

Recogió los cigarrillos, tanteó la suave envoltura, descubrió de pronto el tacto, la sensación fugaz del tejido de aquella ropa, el peso de un fusil cuando se sopesaba en las manos, contacto voluptuoso de rodear y abarcar un muslo y sopesarlo en una cita última en el cuarto de su hotel; ropa, fusil, entrenamientos en unos campos cercanos a una ciudad provinciana, comentarios de sus compañeros con los que comía y dormía, a los que escuchaba con una sonrisa y un balanceo de la cabeza, todos deseosos de integrarse en el frente con su remoto significado y sus estruendos.

Ya rodaban los dados sobre la pulida superficie del mostrador del bar y la sorpresa, renovada a cada instante, rompía la calma del lugar habitual, la sensación de estar en la propia casa aunque el murmullo de voces en las mesas, o alguna palabra del *barman,* les recordaban que no estaban solos y podían formar un grupo, un destacamento llevado en camiones por carreteras frías hacia el sumidero donde convergían planes, órdenes, opiniones; las manos aferradas a los metales del camión se endurecían con el roce cortante y veloz del aire, la suya junto a las de otros, pero la veía accionando en el frío que pasaba entre los dedos muy blancos a la luz de las farolas, mano blanqueada por el aire nocturno y por las madrugadas en blanco.

—¿Y ahora qué? —dijo alguien, y el vaho de la boca se condensaba, aumentando el espesor de la niebla, y luego varias risas rompieron el cristal de la copa, que cayó al suelo, saltando los pedazos entre los pies de todos.

La voz agria y breve se abrió camino en la oscuridad y el frío, dijo que era un payaso y que acabara de una vez: los ojos de ambos sostuvieron fijamente el mutuo desafío, una mirada larga, encendida de alcohol, endurecida por el cansancio y el insomnio.

—¿Quién es aquí el payaso?

La botella de coñac vino a dar en los labios y bebió, distraído por el grupo que salía del local nocturno, y se mezcló con ellos respirando el polvo de agua en el aire helado.

Miraban el interior, desde la puerta, abierta y caliente, cargada de humo de tabaco americano, y en la nostalgia artificiosa, los menos alcoholizados aún recorrían pausadamente las piernas y las caderas de las *vedettes* mientras que los más bebidos buscaban disimuladamente un apoyo en la oscuridad de la calle.

—¿Dónde habéis dejado los coches?

La rubia se volvía a unos y a otros: tenía en la cara todo el desorden de los novatos, la alteración de la trasnochada que aún no había acabado.

—En la plaza Toudouze.

Por la cuesta, escurriéndose los zapatos en las piedras mojadas, fueron hacia una figura tendida, casi en el centro, entre los árboles, a la que el alumbrado, la soledad de la noche, el silencio, habían rodeado con su protección: un hombre dormido, echada la cabeza sobre periódicos, caídos pesadamente los miembros en el suelo de tierra. La punta fina de un zapato de charol que había bailado hasta la madrugada y cuyos reflejos recorrían la menor luz para devolverla fue a darle suavemente en las espaldas, sin conseguir despertarle. La punta charolada se apoyó en el dedo expuesto a todo ataque y apretó, apretó hasta que el hombre murmuró unas palabras entre gruñidos. Todos se desbandaron riendo, con un pretexto para dar una carrera hasta los coches.

—¿Y si hubiera estado muerto?

Otra vez los ojos, irónicos y desconfiados, se miraron, con desprecio, al replicar:

—Hay un sitio donde puedes pisar muertos, pero de verdad.

El guante de cabritilla señalaba un cartel no muy grande, pegado en la pared. Apenas se leía "En Madrid se defiende la libertad del mundo. Acudid al llamamiento de República española".

—¿Y eso qué es?

Ella hablaba desde dentro de un cuello de piel cerrado, del que sobresalía una diadema plateada.

—Un sitio... en el que hace falta mucho valor.

Junto a los faros, ya encendidos, en marcha los motores, el grupo se divertía y bromeaba y las voces fueron ahogadas por los escapes, las llamadas, la distribución de todos en los coches. Plaza Toudouze abajo fueron saliendo ruidosamente, uno tras otro, y al levantar la mirada se encontraron agrupados, aguardando ser llevados a la línea de fuego que de lejos se anunciaba como un ruido, nada más que un ruido.

Era la etapa suprema que ahora exigía olvidarlo todo y consagrarse a ella para enriquecer su experiencia. Allí, los fines personales perderían importancia porque la muerte hacía acto de presencia, era inevitable y acaso se abría ya paso por vericuetos insospechados desde el día en que tomaron la decisión de afrontarla, y les asediaba para rozarles con una esquirla de metralla o una bala silbante. A sus espaldas, la ciudad que venían a defender desesperadamente, a la que acudían procedentes de muchos países para hacer con sus cuerpos el glacis de una fortaleza que se recortaba en las nubes amenazadoras: los huidos de regímenes crueles, los que soñaron un mundo fraterno porque conocieron injusticia, los disciplinados que cumplían órdenes, los quiméricos y los racionalistas estaban allí, avanzando por descampados, alcanzando unas tapias y unas casuchas de suburbio que iban a ser el frente; levantaban parapetos sencillos con adoquines y sacos de tierra, abrían zanjas entre pequeños huertos y basureros, en yermos por donde pasaban corriendo familias harapientas cargadas con bultos y colchones. Contaron los primeros cañonazos, se pegaban a la tierra apenas abierta y miraban recelosos la lejanía ante ellos, mientras hablaban en yidish, en italiano, en alemán, y él también se encontró echado a los pies de una ciudad, ahora alta y desafiante, cercada de estallidos y surtidores de tierra seca, y en tanto que apretaba los labios, el breve reborde que eran sus labios, hacia aquel lugar convergían las llamadas de mil agencias telegráficas y la expectativa de eminentes políticos o de personas que nunca estudiaron geografía; pendientes de una capital sin gran importancia estaban los magnates del acero, los financieros apoyados en sus mesas de caoba, los estibadores en los puertos de Holanda y los pobres campesinos búlgaros: el nombre de la ciudad daba a cada cual su exaltación y su esperanza, o un sentimiento parecido al que, algunas noches, en el camastro del acuartelamiento, le había hecho incorporarse, cortando la escena siempre nueva de la mano de Lange jugando con los dedos marfileños que expresaban su convención de signos cargados de antigüedades y significaciones. La decisión estaba tomada, aunque había deseado en más de una ocasión volver el tiempo hacia atrás, aunque ya no hubiese remedio, y por dos veces abandonó el efímero refugio, para ayudar a proteger una ametralladora entre los restos de una cerca de ladrillo, y se echó en una zanja a la vez que seguía con la mirada las nubecillas de humo algodonoso que enfrente de él venían a ser el enemigo. La muerte alcanzaba a unos y a otros y así iban a pasar los días, semanas, interminables noches y rigurosas tareas con rutinarios cometidos junto a hombres enigmáticos o comunicativos: reptaba a campo abierto, oía aproximarse el golpear de sordos balazos, medía distancias que el cruzarlas representaba salvarse, aguantaba el frío seco y duro de las heladas hasta el relevo en trincheras pestilentes donde a veces el coñac o un cigarrillo podían evocar vagas imágenes en la nostalgia. Todos vivían lo mismo, pasaban las semanas, iban por los frentes que rodeaban la capital y él participaba de un destino común con la certidumbre de que entonces, por poco tiempo, era uno más, aunque finalmente él se reintegraría a su bar habitual, a las cenas en grupo y a las pastillas de aspirina tomadas, al despertarse, con cierta resignación. Por las noches esperaba acurrucado la llegada del sueño, escuchaba conversaciones inconexas mezcladas con ronquidos, no tan fuertes que impidiesen oír una voz en francés que contaba cómo la había levantado la falda y encontrado una braga de tela fuerte —al oír esto se rieron—, y ella le dio dos puntapiés que no le alcanzaron, pero había podido sujetarla contra la pared, y volvió a oír las risas contenidas. Alzó la cabeza para ver quién era y lo reconoció: un tipo alegre con quien él hablaba a veces; se levantó y de nuevo le contó aquella aventura y le señalaron por encima de los montones de tierra y sacos, asegurándole que no era fantasía: había chicas en un barrio que se vislumbraba a lo lejos, a donde se podía ir fácilmente.

Un disparo les hizo volver la cabeza, siguieron otras explosiones y luego un resplandor muy breve, pero en la fracción de segundo las caras se iluminaron, demacradas pero especialmente bellas, reflejando una pasión desenfrenada; rápidamente volvieron a ser las sombras que se movían en la oscuridad, como figuras lúgubres, y su pensamiento escapó hacia otra cara, cambiada en la luz discreta del *hall* de un hotel. Sentado, acaricia el cuero fino del

cubilete dentro del que entrechocan los dados que
salen bruscamente y caen sobre la mesa, junto a la
mano de su amigo Lange; los contempla atentamente, va poniendo monedas para señalar los tantos, el
cubilete pasa a él: tira tres veces, las tres logra mejor
juego y se echa a reír. Le parecía que en todos los
momentos Lange le ganaba, pero no era rencor, sino
admiración y una gran simpatía, aunque le había
desafiado a meterse de cabeza en la guerra. Se levantó inquieto, súbitamente descontento de algo, sin
llegar a saberlo.

—¡Eh, tú, baja la cabeza!

Tornó a agacharse y deseó comenzar a disparar como en la primera tarde cuando el miedo
fluía a la luz de lívidos resplandores y se impacien-
tó, cogido de la desesperación de ser un rígido soldado de plomo que en la torre de un castillo de
cartón apunta con una escopeta de la que nunca
saldrán fuego ni balas. Le parecía que no se sepa-
rarían jamás de aquellos suburbios malolientes con
infinitos muros taladrados y pobres techos de casas
miserables, ni se alejaría de la amenaza de extra-
viarse en los desiertos barrios, no por rondar en su
cerco de trincheras, sino por seguir a una persona;
marchar tras ella como si así pudiera explicarse todo,
justificarlo, seguir a alguien que camina despacio
y en un cruce se pierde: sobrevivirse en una ciudad
desconocida, laberinto de calles, de plazas, convertido en caminos divergentes de dos personas que se
aman.

Pero lo otro era fácil, se caminaba por unos
descampados a la caída de la tarde y bastaba una
hora. Regresar, de noche, entre embudos de obuses
y las alambradas, para llegar a tiempo y pasar inad-
vertido a los otros, no tener que explicar nada y recordar zonas de carne tersa que parecen estallar y se
deshacen en arruguillas al menor movimiento. Esa

fugaz percepción había que pagarla con una caminata, como escapados de algún presidio, un aburrimiento más, pero cualquier cosa era preferible a estar en el fondo de la trinchera, allí tan absurdo todo; había que romper y librarse de aquel pacto y regresar a lo que esperaba en París, en copas brillantes que se llenan una vez y otra y los ojos miden las sonrisas complacientes cuando la respiración se atiene al ardor hiriente del alcohol que hace tórrido y bravamente cansado el jadeo de los pulmones, y el aliento anuncia que la pasión crece hasta el límite y entonces sentir que dentro llevaba otro hombre: teclear en el borde de madera barnizada del bar cuando la mano descansa de su natural tarea de convencer, dispuesta a todo, con sus mechoncillos de pelo en cada falange y la suave encarnadura de la palma, cruzada por enigmáticas rayas que parecen nuevas cada día.

Un morterazo les hizo detenerse, pero la calma de la calleja desierta les animó a seguir entre tapias aplastadas por tejados pardos y el plomo de un silencio total, del sueño profundo en las primeras horas de la noche.

El francés saltó una valla del jardín y él quedó a la espera de su aviso, apoyado en ladrillos desbastados, dispuesto a seguirle en busca de un rato de dudoso goce, más placentero por imprevisible en las cercanías de aquella red de heridas y piojos, no muy seguro de si sería sólo una charla aludiendo a la carne o bien un cuerpo desnudo y ardiente que busca con premura la gran alegría del abrazo y la aventura renovada siempre, otras veces subiendo escaleras de hotel, ahora teniendo que encaramarse en una tapia y orientarse hacia una puerta que negreaba ante él; atravesó la oscuridad guiado por risas contenidas, tanteó ropas tibias y sintió que le cogían la cara, pero aquel roce inesperado le despertó una

honda irritación; la repugnancia se apoderó del eje
de su estómago y le dio vueltas hasta que las manos
—puestas en el cuerpo con olor a sudor fresco que
la suerte le deparaba frente a frente— descargaron
dos golpes. No las deslizó en el hábito de las cari-
cias repetidas, por flancos, espaldas y caderas, sino
que ambas manos empezaron a golpear a ciegas a un
odiado enemigo, escondido en parapetos, entre árboles, en casas vacías renegridas de incendios, bares
de moda, vestíbulos de cine, comedores de hotel...
Unos gritos ahogados se cruzaron con sus golpes,
le excitaron aún más y aumentó la fuerza de las bo-
fetadas hasta que sintió patadas en las piernas y en
una mano, pinchazos, tan agudos que retrocedió, seguido por acometidas y sollozos.

Cruzó la puerta y corrió hasta la tapia, la
saltó con dificultad y, ya al otro lado, el escozor de
la mano le hizo mirársela: a la desvaída luminosidad
de la noche vio manchas negras, se las llevó a la boca
y tuvo que escupir la tibia viscosidad, extrañado de
reconocerla como suya.

—Sangre de mujer —se dijo, y un gran desaliento le hundió hacia el suelo. Miró desconfiado
en torno suyo la soledad del páramo a donde fue empujado por mortificantes ironías; se sintió solo, en
peligro, expulsado de una alta fortaleza, sin el honor
de haberla defendido, sin protección de su enorme
muralla coronada de fuego y resplandores.

Un ruido extraño

Bajaba aquella tarde por la calle de Benito Gutiérrez camino de la Brigada y con el cuidado de no tropezar en los adoquines sueltos apenas si levantaba los ojos del suelo. Por encima de mí, en el cielo, los resplandores del atardecer madrileño, tan asombroso a veces por sus colores grana y cobalto, contrastaban con la penumbra que empezaba a cubrir las fachadas destrozadas de los edificios.

Atravesaba entre montones de tierra, balcones desprendidos, marcos de ventana, crujientes cristales rotos, ladrillos, tejas y en el absoluto silencio del barrio, las botas producían un roce rítmico que yo me entretenía en ir siguiendo.

Calle abajo iba acomodando mi caminar al ritmo de los pasos y mentalmente repetía su compás. Pero al resbalar un pie en un cartucho vacío y pararme y quebrarse aquella música de tambor, me di cuenta que continuaba en un rumor imperceptible que no era el hecho por mí. Creí que el eco —siempre acechándonos desde las casas desiertas— repetía mis pasos. En seguida comprendí que esta vez no era el eco y que venía de la derecha. Miré hacia aquel lado: encontré un palacete rodeado por un jardín que a pesar del invierno conservaba arbustos verdes y grandes enredaderas. Los balcones estaban abiertos y las persianas rotas; una esquina del tejado se había hundido, en la fachada faltaban trozos de cornisa, pero, aun así, tenía un aspecto elegante y lujoso.

Del jardín me llegaba un ruido chirriante y acompasado, ruido metálico como el de las veletas cuando las hace girar el viento. Pero no hacía viento ni había veletas; encima del tejado, las nubes solamente que tomaban colores difícil de describir. No debía extrañarme y me extrañé. Algunas veces subían hasta allí los de la Brigada a buscar una silla o a husmear por las casas vacías, pero aquella tarde presentí algo diferente.

Despacio, sin hacer ruido, me acerqué a la cancela entreabierta y miré dentro del jardín. Estaba cubierto de hierbas, había dos árboles caídos, uno de ellos apoyado sobre la escalinata de piedra blanca que subía hasta una gran puerta, abierta y oscura. Aquello, como era de esperar, estaba vacío y abandonado; recorrí con la mirada todo el jardín, precisé de dónde venía el ruido, y entre las ramas bajas de los arbustos vi dos manos —dos manchas claras en la media luz— que subían y bajaban. Avancé la cabeza, entorné los ojos; sí, ante el brocal de un pozo una persona tiraba de la cuerda y hacía girar la roldana que chirriaba acompasadamente.

—¿Qué hará ése ahí? —me dije, y traspasé la cancela, pero debí hacer ruido con las malditas botas y en un instante las manos desaparecieron y oí cómo chocaba un cacharro de metal en el pozo.

Si hubiera sido un soldado no hubiera huido. Tuve curiosidad y, bordeando la casa, fui hacia allí.

Colgando de la rueda las cuerdas oscilaban aún. Las puntas de los matorrales que crecían alrededor se mecían en el aire y señalaban el sitio por donde había escapado aquella persona: una puerta baja, también abierta, que debía de ser del sótano; la única entrada en aquel lado de la casa.

Aquello era sospechoso y sin pensarlo bien

—lo que en realidad debía haber hecho— me metí por ella, bajé unos escalones y en la penumbra distinguí otra puerta. Crucé aquella habitación o lo que fuera y me encontré en un pasillo aún más oscuro. A su final oí un golpe, como de dos maderas que chocasen.

Fui hacia allá con la mano en la funda de la pistola, intentando descubrir algo, ver en la semioscuridad. Subí otros escalones; empujé la puerta entreabierta y choqué, yo también, contra un mueble, acaso una mesa. No me detuve porque en el marco de una puerta abierta y más iluminada había percibido una sombra que desaparecía.

Entonces fue cuando grité por primera vez. No pensé lo que hacía, acaso por la costumbre de gritar órdenes, pero al ver la figura que se esfumaba grité:

—¡Para! ¡Quieto!

Fue un grito tan destemplado que me retumbó dentro de la cabeza y me hizo daño en los oídos: resonó en toda la casa y oí cómo se perdía en aquel edificio abandonado y cómo lo repetían las paredes en lejanas habitaciones. Me estremecí y deseé estar en la calle cuanto antes.

Entré en una pieza amplia, iluminada por dos balcones que dejaban entrar la luz del atardecer. Allí no había nadie; solamente muebles grandes y antiguos, algunas butacas caídas por el suelo que, como la calle, como todo el barrio, como todo el país, estaba cubierto de basuras y escombros.

Lejos, en otra habitación, oí de nuevo un ruido: esta vez más intenso, más continuado; pensé en alquien que cayese por una escalera: un ruido que había oído siendo niño y que fue seguido por los lamentos de mi tía Engracia, que se rompió una pierna. Pero ahora no se oyó voz alguna y todo volvió a quedar en silencio.

A grandes pasos, sin preocuparme de que mis botas retumbasen, corrí hacia allí; atravesé otra pieza, hallé —como presentía— una escalera espaciosa, subí por ella de dos en dos y al encontrarme en el piso superior noté más luz —mis ojos ya se acostumbraban— y fui atravesando habitaciones que me parecían iguales, con los balcones abiertos y las puertas igualmente abiertas, cuadros antiguos que ocupaban las paredes, mesas cubiertas de polvo, vitrinas vacías, sofás y sillas derribadas por el suelo.

Delante de mí una persona escapaba. Estaba seguro de que no se había ocultado en ningún escondrijo, sino que iba corriendo de habitación en habitación, sorteando los muebles, atravesando las puertas entornadas por las que pasaba yo también anhelante, escudriñando los rincones y las grandes zonas de oscuridad y las altas cornucopias sobre las consolas y los amenazadores cortinones que aún colgaban en algunos sitios. Crucé por tantas habitaciones que pensé si estaría dando vueltas y no iba a encontrar la salida cuando quisiera bajar a la calle. Ninguna puerta estaba cerrada y todas cedían a mi paso como si quisieran conducirme a algún sitio.

No me atrevía a gritar. El grito que di antes había sido repetido tan extrañamente por todos los rincones de la casa que no me atreví a dar otro. Además, era absurdo llamar a alguien que no sabía quién era y si podía escucharme.

Tras una puerta encontré otra escalera: distinta de la anterior, no tan ancha y sin la baranda de madera torneada. Terminaba en una oscuridad completa y de aquel pozo sombrío me llegó un olor extraño, desagradable, que quise recordar de otras veces.

Fue entonces cuando vi el primer gato: desvié la mirada y le vi en el borde del primer escalón, con el lomo arqueado y la cola erizada. Miraba hacia abajo y cuando me oyó pasó junto a mí como un relámpago y entró por donde yo salía. Era un gato de color claro, grande, casi demasiado grande, o al menos eso me pareció. Luego vi otros muchos gatos, había allí docenas de ellos, pero ninguno me desagradó como aquél, aquella forma viva, inesperada que encontraba delante.

Pero a quien yo perseguía no era un gato. Era una persona que sacaba agua de un pozo y no quería encontrarse conmigo. Un animal nunca me hubiera dado la sensación penosa de perseguir a un ser humano. Tuve que lanzarme escaleras abajo, a las habitaciones más oscuras del piso primero donde había más objetos, o qué sé yo qué demonios, contra los que tropezaba, y el suelo parecía estar levantado y lleno de inmundicia.

Entré bruscamente en una sala y percibí un movimiento a la derecha; alguien se movía casi frente a mí. Me encontré con un hombre que sacaba de su funda la pistola: era yo mismo reflejado en un espejo, en un enorme espejo que llegaba hasta el techo. Y confusamente me vi en él, con la cara contraída, la bufanda alrededor del cuello, la gorra encasquetada. Era yo con cara de espanto —perseguidor o perseguido— haciendo algo extraño: cazando a alguien en una casa vacía, medio a oscuras, empuñando un arma, contra mí mismo, dispuesto a disparar al menor movimiento que viese.

En vez de tranquilizarme, verme en el espejo me inquietó aún más, me reveló como un ser raro, como un loco o un asesino. Pero ya no podía detenerme ni abandonar aquella aventura, aquella carrera en que chocaba con obstáculos y sombras, huyendo del miedo. Seguí adelante y tuve que dar patadas a las puertas y a las sillas y hacer ruido y estrépito y entonces empezaron los gatos a cruzar ante mí, silenciosos, rápidos, pegados al suelo, pero en cantidades asombrosas; había tres o cuatro en cada habitación. A mi paso escapaban como en un sueño maldito y algunos se detenían, levantaban la cabeza un segundo para desafiarme y luego huir.

Entonces empecé a blasfemar y a dar gritos, a soltar todas las palabrotas imaginables, vociferando como un energúmeno, y a dar puntapiés a diestro y siniestro. Avancé más y ante la escalera sombría no dudé y bajé por ella hacia lo que debía ser el sótano. Tuve que sacar el mechero y encender y levantarlo por encima de mi cabeza. Otra vez noté el olor repulsivo que me entraba por la boca y la nariz, un olor inexplicable. Así, atravesé cocinas cuyos baldosines reflejaban la ligera llamita azulada que a mi alrededor daba una tenue claridad.

Allí encontré la primera puerta cerrada, una puerta corriente de madera pintada, sin pestillo, que me sorprendió, a la que di especial importancia y ante la que quedé parado.

Apoyé en ella un brazo; no se abrió, pero sí me pareció que cedía un poco, igual que si una persona la sujetase con todas sus fuerzas. Esta idea me hizo estremecer y sentí aún más la tensión nerviosa que se contraía en el centro del estómago y a lo largo de las piernas.

Levanté el pie derecho y le di una patada. Retumbó en la pequeña habitación, pero no se abrió violentamente, como debía haber ocurrido, sino que cedió unos centímetros y a través del espacio abierto vi la impenetrable oscuridad.

Allí se ocultaba alguien. Casi podía decir que oía su respiración anhelante, acechando el momento de lanzarse contra mí. Percibí la amenaza tan segura y próxima que instintivamente el dedo índice de la mano derecha se dobló sobre el gatillo de la pistola y la detonación, el fogonazo, la presión del aire en los oídos, la sacudida de todo el cuerpo, el corazón detenido un segundo, me obligaron a parpadear y dar un paso atrás.

Oí en la puerta un roce; se abrió un poco más y cuando esperaba ver la figura humana que había estado persiguiendo tanto tiempo vi salir una rata de gran tamaño que desapareció en seguida. Un instante después aparecieron otras, gigantescas, atropellándose, y detrás de mí sentí los desagradables arañazos que hacían al correr; otras cruzaron en distintas direcciones. Miraba a un sitio y a otro y veía un enjambre de animales pequeños y sucios que yo conocía bien de las noches en las trincheras, con sus chillidos alucinantes. En aquel sótano inmundo debía de haber centenares y el disparo las había espantado.

En el silencio que le siguió percibí detrás de la puerta unos ruidos incomprensibles; durante varios minutos los escuché atentamente, sin entender qué eran. Antes de que aquella situación se transformase en una pesadilla avancé y empujé otra vez la puerta.

Al abrirse completamente, a la luz mortecina del encendedor, vi una escena que no había podido prever, pero que no se diferenciaba de la alocada persecución a través de la casa desierta: tenía delante una mujer vestida de verde, luchando con las ratas que le trepaban por la ropa; daba manotazos, patadas, se sacudía de encima las fieras pequeñas y tenaces que la mordían; como si bailase o tuviera un ataque de locura, se revolvía en las sombras y en el hedor nauseabundo de aquel subterráneo.

Había ido huyendo hasta el fondo del sótano, en donde había encontrado otros enemigos peores que yo. Una figura pequeña, vacilante, con un abrigo verde, que se contorsionaba.

La tenía encañonada, bajo la luz del encendedor y bajo mis ojos. Pero no era una mujer: era un viejo, tenía barba crecida, y un momento en que quedó quieto ante mí y me miró, parpadeando, comprendí que era un hombre joven sin afeitar, con bigote lacio, la piel blanca como la cal y horriblemente delgado.

Vi sus facciones finas, sus orejas casi ocultas por el pelo largo, sus ojos hundidos en terribles ojeras, cegados por el ligero resplandor que yo había llevado a aquel sótano.

Noté que las ratas se me subían por las botas y trepaban por el pantalón, y pensé que tardaría poco en encontrarme como él, sin poder ahuyentarlas.

—¡Fuera, sal de aquí! —grité lo más fuerte que pude, y con el cañón de la pistola le mostré la puerta. Vaciló, pero al fin, encogiéndose, pasó junto a mí sacudiendo sin parar los faldones del abrigo y fue hacia la escalera. Le seguí, pero tuve que guardarme el arma para arrancar de una pierna uno de los animalejos que me había clavado sus dientes en la carne; al cogerle me mordió furiosamente la mano y lo estampé contra la pared. Ya arriba, aún di varios tirones de otro cuerpecillo blando y áspero que se aferraba a la pantorrilla.

Se apagó el encendedor y lo dejé caer. Me orienté por una leve claridad que llegaba de un balcón, y llevando delante a aquel tipo, que andaba torpemente, pero que iba de prisa, conseguí salir al jardín por la puerta central.

Había oscurecido mucho y cuando él se volvió hacia mí su aspecto me pareció aún más sorprendente. Llevaba un abrigo de mujer sujeto con una cinta, el cuello subido, roto en los brazos. Era como un fantasma o un muerto que yo hubiera sacado de la tumba. Me miraba callado y trémulo.

—Vaya carrera, ¿eh? —le dije, midiéndole de arriba abajo, sin levantar la voz.

Oí la suya por primera vez, que tartamudeaba un poco:

—¿Me va a matar?

—No, hombre, ¡qué tontería! —busqué algo que decirle; veía difícilmente su cara entre la oscuridad y la barba crecida, pero me pareció muy asustado—. Hay muchas ratas ahí dentro —se me ocurrió decir.

—Sí, está toda la casa llena.

—Pero los gatos, ¿no las cazan?

Dijo que no con la cabeza.

—Y tú, ¿qué? ¿Eres un emboscao?

No contestó; tenía los ojos fijos en mí y la mandíbula bajó un poco. Luego dirigió su mirada al suelo y ladeó la cabeza como si bruscamente algo le hubiera distraído. Levantó las dos manos y se las miró. Me di cuenta que estaban oscuras, pero en seguida comprendí que eran manchas de sangre. Yo también levanté mi derecha, que goteaba, y sentí el escozor de los desgarrones. Nos mirábamos las manos, pero mi pensamiento fue muy lejos, corrió por todo el país, que goteaba sangre, pasó por campos y caminos, por huertas, olivares y secanos y me pareció que en todos sitios encontraba manos iguales a aquéllas, desgarradas y sangrientas en el atardecer de la guerra.

Joyas, manos, amor, las ambulancias

—Daría años de vida por tener muchas alhajas, por llevar las manos cubiertas de sortijas y que me doliera el cuello por el peso de los collares.

Apartó los algodones con las pinzas, los echó en el cubo casi lleno y se quitó el guante de goma de la mano izquierda para colocar las yemas del índice y del pulgar en el cuello del hombre, a ambos lados de la tráquea, y retenerlos allí unos segundos, quieta, sin respirar, apretados los labios por los que antes había salido el aire de las palabras que exaltaban el atractivo de las joyas, sus destellos, el lujoso alarde de la pedrería. No sobre una bata blanca cerrada hasta el cuello, suavizada por los cien lavados con lejía, sino sobre un vestido de noche, escotado, ajustado a las caderas, en el que brilla el oro, los diamantes, el raro platino, la turquesa a la luz matizada de los salones...

La carótida dejó de latir y aunque los dedos apretaron, no percibieron los pequeños movimientos que la denunciaban bajo la piel cubierta de una barba crecida.

—Ya no pongas la venda. No hay nada que hacer.

—¿Y para qué querrías todas esas alhajas? ¿Te las ibas a poner ahora? —la otra enfermera le señaló la manga manchada con redondelitos de un rojo oscuro ya seco, de los que también había en el suelo, en el pasillo, delante de las escaleras y en la puerta del patio donde dejaban las camillas unos minutos, muy poco tiempo, pero el suficiente para que debajo, a veces, se formara una mancha que luego el portero lavaba con cubos de agua.

El médico se quedó un momento mirando lo que hacía éste, cómo el agua espumosa y rojiza corría sobre el cemento hacia un sumidero tapado con una rejilla, parecido a una reja de ventana, como tenían antes los conventos, las cárceles, los hospicios, unas rejas grandes y pesadas a las que se aferraban las manos para medir la dureza del hierro, manos que encendían una cerilla; él levantó despacio la suya hasta la altura de los labios y del pitillo, a cuyo extremo acercó la breve llama amarillenta y móvil, pero ahora no tenía el temblor propio de tan inestable elemento, sino otro más acusado, inconfundible, de vejez. El peso de la enorme reja gravitó en sus entrañas y aspiró el humo para arrojarlo fuera y sentirse más libre, pero inútilmente: la pesadumbre interior seguía allí con su desaliento, ante la evidencia del temblor inesperado, del sueño angustioso.

Dio unos pasos hacia la escalera porque es conveniente hablar de los sueños con alguien, contarlos: el filo del bisturí rajaba las muñecas a la vez que oía: "No te sirven para nada", y precisamente soñar eso tras varias horas de trabajo recomponiendo cuerpos en el quirófano... de donde ahora retiraban uno bajo una sábana y la enfermera levantaba la mano izquierda.

—En éste, un anillo de oro; en el del medio, una piedra verde. Cuando me vistiera bien, me pondría los dos, un vestido blanco, de verano, un poco ceñido, con un collar, sería un sueño.

Un sueño tétrico que le había saltado a la conciencia con su brutal absurdo, pero su compañero apenas le prestó atención, hundido en su fatigada postura, con la silla echada hacia atrás para que los fatigados pies se apoyasen en otra, indiferente a lo que oía o incapaz de levantar su mirada y atravesar con su comprensión el grueso cristal que le separaba de aquel sueño ajeno: "Alguien que yo no veía me cortaba las manos con un bisturí y le oí decir: «No te sirven para nada», y estábamos en un sitio lleno de personas que me miraban pendientes de lo que yo hiciese luego."

Hablaba para tranquilizarse, para eliminar aquella fantasía, fluyendo por su cuerpo hasta el borde de las uñas; se contempló los dedos porque aquel temblor podía muy bien no ser anuncio de otra cosa, sino de mero cansancio, de las horas pasadas en el quirófano, sudando bajo la mascarilla, el gorro, los guantes, y no el primer síntoma de la senectud, de la decadencia, porque muchas veces se produce antes de exámenes, comienzos de un combate, la inminencia del acto sexual: aparece un ligero temblor que si en el hipertiroidismo se limita al anular, en otras ocasiones es de todos los dedos, muy visible al encender el cigarrillo, y si se enciende a otra persona, entonces se revela sin posible disimulo, precisamente cuando las manos se necesitan más seguras y deben tenderse hacia los sitios que atraen por su satinada superficie, por la blandura de sus pliegues o protuberancias elásticas de tacto aterciopelado.

Como otras veces, ella se subiría la falda para quitarse el uniforme con el movimiento procaz aprendido quizá cuando empezaba a ser mujer y que habría repetido mucho no sólo como seducción, sino para satisfacer su vanidad de mostrar súbitamente proporciones de gran tamaño, pero de perfecta armonía, que nadie podría sospechar bajo los pliegues de la bata blanca o del uniforme gris o de los vestidos para salir a la calle y dar un paseo o subir la escalera que nadie usaba nunca e ir a la habitación vacía donde había una cama y un colchón a rayas y en la pared un brazo metálico con su bombilla.

A la plena luz de la bombilla, el paquete de cigarrillos se veía encima de la mesa, pero esta vez contuvo su deseo de fumar uno o, mejor dicho, de encender una cerilla y ponérsela delante de los ojos para comprobar si duraba el temblor, reflejo de una mala postura o del sueño que perturbaba ahora su conciencia de cirujano experto, primero atendiendo a los milicianos heridos en la Sierra, luego a la población civil como un buen operador, tal como quería ser hasta que el sueño sombrío vino a mezclar sus manos a órganos destinados al horno donde irían a parar con pies o trozos de pulmón u otras azuladas vísceras desechadas, si el pulso inseguro en el bisturí era observado por un colega, que acaso se lo indicaría, o bastaría que cruzase miradas con el ayudante.

—Todos tenemos sueños así. Bah, algo que has oído estos días o que has leído.

Se levantó de la silla para estirarse y notar si las piernas y brazos habían recuperado su tonicidad y fue a abrir la puerta para salir y buscarla donde estuviese y acariciarla por encima de la bata y rozarle las mejillas, aunque acaso no habría terminado su turno.

—Son las cuatro y diez. Vuélvete a la cama.

En el corredor sin luces siguió el imperceptible resplandor de los baldosines blancos, pasó delante de las ventanas abiertas por las que se oía muy lejano el estampido de los antiaéreos, abiertas como tapices de un negro absoluto extendidos en la pared para trazar en ellos el dibujo deseado, que para él no era otro entonces que la mujer subiéndose la falda con una rodilla ligeramente doblada, e hizo un movimiento con la mano para saludar al enfermero del laboratorio que estaba en la puerta bajo la bombilla encendida toda la noche, dejando caer su luz roja por sus hombros y las arrugas de su cara, convirtiéndole en un espectro iluminado por resplandores de un incendio o un asesino manchado con la sangre de su víctima, aunque al saludar al médico, el gesto revelaba a un hombre adormilado y aburrido que estaría pensando en alguna enfermera, acariciarla en un pasillo o, si estaba en el quirófano sola, podría besarla. Pero cuando entró la vio con una compañera poniendo en orden el instrumental, recogiendo las latas de algodón; le sonrió con una mueca cansada, un mechón de pelo le asomaba por debajo de la toca y la piel de la cara tenía pequeños puntos de brillo donde el esfuerzo se manifestaba algunas tardes de verano cuando habían podido subir al piso que nadie usaba, y allí la respiración se hacía desenfrenada y los latidos del corazón llegaban a un máximo casi doloroso.

—¿Cuándo termina tu turno?

—A las cinco... Tengo unas ganas de descansar...

En su cama, en casa, después de tomar algo caliente que la madre le preparase mientras la oía hablar de cosas sin importancia y decir:

—Pues ¿sabes lo que a mí me hubiese gustado? Ser bailarina, trabajar en un teatro de revista, fíjate. Cuando era joven lo pensé muchas veces.

Se reía de su madre, tan mayor, pero se imaginó a sí misma en un escenario adornada con plumas, medio desnuda, sacudiendo las piernas ante la oscuridad repleta de la sala, y algo la intrigó de aquella imagen suya y pensó que no sólo era la satisfacción de llevar collares caros, sino que los demás la contemplasen, él u otro, lo importante era conseguirlo y ser feliz.

—¿Has hablado con tu hermano?

La otra enfermera había salido y aprovecharon para acercarse y ponerle él las manos en las caderas.

—Sí, ya hablé con él.

La lámpara central daba una luz cegadora y se volvió de espaldas, fijándose en que ella tenía la bata muy manchada.

El hermano le contempló fríamente.

—¿Para eso vienes? No nos vemos en tantos meses, ni me llamas ni te importa si me mata un obús, y cuando vienes, ¿es para eso?

—Bueno, se me ha ocurrido preguntártelo.

—Sí, pero lo cierto es que no te acuerdas de que tienes un hermano, ni de que me podías ayudar estando tú en un hospital, y vienes un día y es…

—Tengo mucho trabajo y además tú sabes que yo no puedo hacer nada por ti. Gracias que yo me voy defendiendo.

—No, tú tienes una posición muy buena y te pagan bien, estoy seguro, y ahora me vienes con esa pregunta.

—¿Y qué hay de malo? Mamá no tenía nada, tú lo sabes.

—Sí, ella guardaba algunas de valor.

—No sé por qué dices eso, no tenía nada.

—En el verano que empezó la guerra aún tenía alhajas.

—¿Alhajas? No, hombre, tú sueñas.

—Mamá tenía alhajas, no vas a discutírmelo.

—¿Pero a qué te refieres? ¿A la sortija y a la cadenita? Pero ésas nos las quitaron en un registro. Cómo se ve que tú no has estado aquí. Eso se lo llevaron y no pudimos protestar.

Encontró los ojos de su hermano fijos en él: dos manchas negras que conocía de siempre. Sonrió, hizo una mueca.

—¿Cómo se las llevaron?

—Sencillamente, llevándoselas. Vinieron, amenazaron con los fusiles y se llevaron lo que querían. Ni más ni menos.

—Pero ¿las alhajas? ¿Se llevaron las alhajas? —se levantó y dio un paso hacia la mesa.

—Sí, se las llevaron. Si son unos ladrones estos rojos.

—¿Y cuándo vinieron? ¿A qué hora?

—¿Cuál? ¿Eso? Una mañana. Empezaron a dar golpes en la puerta y hubo que abrir. Ya dentro, nos obligaron a darles todo lo de valor, todo, y nos lo robaron...

—Pero ¿vinieron por qué? ¿Quiénes eran?

—¿Por qué me preguntas eso? ¡Yo qué sé! Te estoy contando que estuve a punto de que me fusilaran..., ¿que quiénes eran? Pues la policía, los comunistas, buscaban dinero.

—Sí, muy bien, ahora dime, ¿dónde están las alhajas de mamá?

—¿Qué dices de alhajas? ¿Es que no me entiendes? ¿No me oyes? —se irguió y le gritó—: ¡Me las han robado los rojos!

—¿Es que no las tenías escondidas?

—No, no pude esconderlas. Y será mejor que no hablemos de ellas. Ya sabes de qué las tenía mamá. Es preferible no acordarse.

El hermano le miraba con los labios sumidos.

—¿Dónde están?

—Yo qué sé. ¿No ves que estoy enfermo y me obligas a hablar más de lo que puedo?

—Dame la mitad: con eso me conformo.

—Yo no las tengo. Las robaron.

—Dime dónde están las alhajas —repitió con voz lenta.

—Ya no las tenemos y tú no las volverás a ver.

—¿Dónde están las alhajas de mamá? —casi

le gritó esta vez, porque se vio con las manos llenas de joyas, dejándolas caer sobre el cuerpo ancho y prominente de Nieves, haciéndole cosquillas con los colgantes y las cadenitas doradas.

—No, no me preguntes de esa forma, no tienes derecho. Eres un mal hermano, me ves enfermo y vienes a torturarme.

—Si no todas, dame alguna.

—¡Estúpido! No te digo que aquí no tienes nada que hacer, que no vengas a fastidiarme... Mamá no te dejó nada, no te quería, ni se acordó de ti cuando murió.

—¿Dónde las has guardado?

—¿Pero te atreves a preguntarme...? Eres un miserable. Ahora vienes a arrancarme lo poco que me queda cuando estoy enfermo y solo. Vete de aquí. No me sacarás las alhajas.

—Venga, dámelas.

—No me da la gana, no te daré nada. ¡Canalla! ¡Mal hermano!

La enfermera le miró con un movimiento de cejas.

—¿En qué piensas? ¿Has hablado con él o no?

Tenía las dos manos metidas en la pila y sobre ellas caía el chorro de agua plateada.

—Bah, estaba pensando en un sueño que me ha contado Hidalgo, un disparate como todos los sueños, pero muy raro, casi desagradable, no sé por qué tenía que contármelo... Algo como que cortaba las manos a un muerto, me parece, sería en una tumba, claro está, a un hombre que no había servido para nada y él le daba este castigo.

—Ah, ¿pero eso qué es? ¿Por qué me lo cuentas?

Con cara de asco, como quien ve una rata muerta impregnada de materias de alcantarilla, hizo un ruido con la garganta y al recoger la barbilla tuvo una actitud de rechazo.

—Cosas de sueños, pero vino a contármelo y le tuve que escuchar; me estuvo hablando mucho rato y yo me preguntaba qué tenía que ver con eso, pero comprendí que quería desahogarse.

Dio unos pasos en torno a la mesa de operaciones, mirando al suelo, y al pasar cerca de los ventanales levantó la cabeza y le dijo que abriese alguno, que ventilara la atmósfera casi irrespirable y opresiva, cargada de ácido fénico, a lo que ella obedeció, apagó las luces y sólo dejó una sobre las mesas, y al descorrer las cortinas de hule, los cristales cruzados con tiras de papel pegado retemblaron como si desde algún sitio les llegasen vibraciones o el zumbido de un motor en la tranquilidad del amanecer que aún dejaba oscuras las ventanas, negras, donde era posible ver una pantalla encendida de pronto, una proyección que saliera de sus propios recuerdos y fuera a poner allí delante la cara de su madre, con su expresión reservada, y la del hermano con grandes ojeras y facciones anchas, enfurecido.

—Bueno, y tu hermano, por fin, ¿qué te ha dicho?

—Que no las tiene, que se las han robado.

Ella hizo un mohín y siguió lavando algo en el chorro del agua hasta que se vio en la escalera de su casa, donde aquel muchacho tan joven como ella la enseñaba de lejos una sortija y se la ofrecía para que ella accediese, que era dar unos pasos y acercarse y aceptar que él la recorriera el cuello con los labios y la descubriese una sensación nueva que se extendía de la nuca a las rodillas y que había sido todo su pago, porque la sortija no se la dio y echó a correr, pero ya le había dado algo muy valioso: saber cómo lograr regalitos, broches, una peinecilla para el pelo, un imperdible con una figurita.

Por eso no se enfadó, sino que se limitó a quedarse callada para demostrar que la había contrariado una ilusión, que tenía más importancia porque él la había explicado que alguna era antigua, de mucho valor, con la calidad deslustrada del oro viejo guardado hacía años, que a pesar de estar bien protegido en su estuche puede tomar un aspecto mate como tantas veces él las había visto de niño cuando le pedían a la madre que se las enseñase y ella las sacaba y, sin dejárselas tocar, se las mostraba; otras veces ella salía por la noche y las llevaba puestas con el sello de la elegancia que no se pierde y que incluso en aquella época de guerra le permitiría venderlas bien, y ya lo habría hecho de haberse acordado a los pocos días de haber muerto la madre y haber ido a la casa a hacerse cargo de una parte de lo que dejase, aunque fueran objetos de uso personal, si bien nada le interesaba si no era el contenido del estuche de terciopelo, que, claro está, habría que repartirlo con el hermano.

—Están tirando mucho esta noche por Tetuán. Hasta hay incendios.

Se dio cuenta de que en la lejanía oscura que era el ventanal abierto se oía algo parecido a una tormenta de verano presagiando nuevas ambulancias que llegarían mientras Nieves seguía en el lavabo, inclinada hacia la pregunta, extrañada de que él no la diese más explicaciones de por qué no disponía de las alhajas, poco convencida acaso de aquel robo, aunque ella sabía bien que era lo primero en robarse y, según le había confesado una vez, ella misma no había vacilado en dar todos sus ahorros a un vecino que la ofreció una cadena con un medallón que había sustraído en una joyería, cadena que ella se ponía los domingos sin importarle la procedencia, pero sabiendo que era de mucho valor, que fue su gran alegría cuando la tuvo y se encerró en su cuarto y se la puso y se contempló con ella en el espejo del lavabo y se la probó con todos sus vestidos y hasta —también se lo contó— se había desnudado de medio cuerpo para arriba para admirarla sobre la piel.

Llevó la mirada hacia ella para unirla a la imagen del desnudo sugerente, pero en aquel momento se abrió la puerta y entró una enfermera que empezó a contar algo.

—... estoy rendida de sueño.

También él tenía sueño y deseaba acostarse y dormir como una piedra hasta el mediodía, sin saber nada ni oír nada, si eso era posible en sueños en los que irrumpen tantas tonterías, como le había pasado a Hidalgo.

—Qué sueño tan desagradable es éste que ha tenido Hidalgo.

¿Por qué la habría contado eso? ¿Qué intención tenía al venir a decirla aquello tan raro? Un hombre que no servía para nada..., ¿y a ella qué? Algo quiso decirle, como una advertencia o un consejo, probablemente relacionado con su trabajo, pero ¿qué podían recriminarla? ¿Que no servía para qué? Como si no mereciera las alhajas y tomase ese pretexto para guardárselas, diciéndole que no servía, que estaba muerta.

Fingiendo ir a coger la toalla, le miró de reojo: pálido, demacrado, sin afeitar, contemplaba la oscuridad del ventanal en el que vibró la campana del patio anunciando la llegada de una ambulancia, y el tintineo claro y neto dejó los oídos despiertos para percibir en otros barrios muy distantes los estallidos en serie de las ametralladoras antiaéreas.

Nieves salió al pasillo y tras ella fue el médico y en el rellano de la escalera se detuvieron junto al doctor Hidalgo, que estaba allí escuchando lo que pasaba en el piso bajo, atento a una llamada

de ayuda del equipo de guardia al que se esforzaría
en demostrar su pericia, la seguridad de las manos,
que fuertes y rojizas se tendían hacia las alhajas en
su estuche, y pensó en cortar de un hachazo aquellas
manos, las de su hermano, sí, otras no: sería una
pesadilla terrible si fueran de mujer, yertas, esque-
léticas, azuladas, cubiertos los dedos de anillos, por
los que ella daría la vida, ponerlos juntos y probár-
selos delante de un espejo en las manos que tanto
se cuidaba, de las que él no podía decir que no sir-
vieran para nada, y una vez tras otra probaba, ex-
tendiendo el brazo y comprobando que no tembla-
ban, que conservaban un pulso perfecto, pese a su
mala intención de hermano envidioso que aún le oía
gritar: "¡Qué razón tenía madre cuando dijo que no
serías más que un medicucho!"; pero ella se las reclamaría porque se las prometió, aunque no com-
prendiese aquello de "no te sirven para nada", era
una maldición ahora ya bordeando la madurez, sin
haber logrado la cátedra, en medio de una guerra
que le arrollaría con sus compromisos, siempre con
el riesgo de que la descubriesen desnuda en la habitación olvidada de todos, esperando una nueva
pulsera o un anillo.

El reloj dio las cinco y ellos estaban apoyados en la barandilla, sin advertir que su turno acababa y podían entregarse al descanso, al sueño, al
vengativo sueño que si cierra los párpados fatigados
abre los ojos a difíciles pesadillas.

Campos de Carabanchel

Todo era muy difícil entonces: reconocer los sitios, las personas, las intenciones, aquel ruido levísimo, saber el preciso momento en que había empezado algo y, tras sus consecuencias, cómo acabaría, pues todo acaba, incluso las guerras, las privaciones: para unos acaban con sus días, para otros cuando se abre la perspectiva jubilosa del dinero. Ése era el ruido que notaba cuando él levantó la cabeza.

—¿Qué ruido es ése?

Apenas perceptible, un tintineo de monedas apiladas en orden, repasadas aprovechando la seguridad que da la noche, cuando el sosiego serena los ánimos cansados y los ojos, perdida su agudeza, desgastada incidentalmente por las tumultuosas evidencias del día, entornan y eclipsan sus destellos, los brillos que proclaman pasión o inteligencia. Ambos atributos, ambos pecados de la naturaleza humana, estaban remansados a la luz dorada de la vela puesta sobre la mesa, dorando los papeles que había encima, las manos y las caras inclinadas hacia ellos, y permitía, pese a las tinieblas de la noche, continuar el repaso del libro de cuentas.

No parecía que hubiese ningún ruido. De día, los estruendos de la guerra; de noche, acallados éstos, sólo disparos. Hacía rato pasó un relevo cantando y sus palabras habían desatado mis recuerdos, pero ningún ruido despertaba mi extrañeza, aunque

estuviese al acecho, pendiente de un soplo, de un
crujido... De pronto, el entrechocar de monedas al
contarlas, inconfundible, diferente a todo lo escuchado en aquellos meses; por eso mi hermano había
levantado la cabeza para inquirir: pálido y extraño,
reconcentraba las cejas sobre la mirada dura, fuera
del círculo luminoso de la vela, y las pupilas dilatadas tendían hacia la habitación contigua: de allí
llegaba el ruido, borrado por el menor movimiento
de papeles o de las sillas donde nos sentábamos o el
escape de un camión que lejos resonaba, por las calles desiertas donde marchaba la patrulla cantando:

> *Si me quieres escribir*
> *ya sabes mi paradero*

canción que había abierto el paisaje del otro lado
del río por el que yo me había adentrado: casuchas
y solares, ni prados verdes ni campos de labranza,
sólo yermos vacíos donde hubo basureros calcinados
por el frío y las heladas, y a la vez un río de oro
que vendría a mis manos llegado el momento, cuando el acuerdo de abogados y notarios y la conjunción
de las estrellas lo quisiese o cuando, con mi volun-
tad, yo lo impusiera. Un río de monedas, un ruido
de monedas en la otra habitación que era la alcoba
de nuestro padre, donde él también bajo la vela
—muchas noches faltaba la corriente eléctrica— las
contaría en secreto, sin que nadie supiera que las
guardaba.

Mi hermano me miraba espantado, sorprendido de lo que habíamos descubierto: el raudo vuelo
de nuestro pensamiento había coincidido en idéntico
punto donde también se cruzarían nuestras intenciones, igual que miles de otros hombres en el amenazador, acerado anillo de la guerra, habrían buscado,
existente o soñado, el roce magnético de las mone-

das, tan necesarias, reparadoras de cualquier carencia, de las que el alma no puede desviarse porque
todo lo demás es accesorio y está expuesto, cruzado
de balazos, a caer desplomado.

Hacía tiempo que yo vigilaba las palabras de
mi padre: si hablaba en el comedor yo me acercaba
a la luz del balcón no para mirar por los cristales,
sino para captar ávidamente la entonación, las pausas, lo que decía entre dientes para no ser entendido,
cualquier alusión a herencias, a bancos, a valores,
conceptos nada extraños en las conversaciones familiares a horas de comer; al reunirnos en torno a la
mesa, o al bajar a la calle en busca de alimentos, ana-
lizaba sus palabras.

Difícil es saber —digo— cuándo tuvo su
comienzo cada hecho: si es difícil en la vida o en la
historia de un pueblo extranjero, aún más difícil es
determinar lo que ocurre en una casa, en una habitación donde falta la electricidad y la sustancia es-
pesa e impalpable de las sombras cerca la llama de
una vela pequeña, encendida para alumbrarnos en
nuestra obstinación de leer hasta altas horas y alum-
brar mi tarea inútil de arrancar por la observación
un dato que confirmara mis sospechas de que mi
hermano era el elegido. Nadie podría decir si comenzó entonces el duelo a muerte, o acaso el día
en que ante mí le dio el dinero, el fugaz reflejo de
monedas de plata, que ahora él, ya distintamente,
contaba en su cuarto, creyendo que todos dormían
en la casa.

No cejaba porque sabía bien que todo hay
que pagarlo: lo uno con dinero, lo otro con perse-
verancia y esfuerzo: nada se logra sin dar algo a
cambio: da agotamiento el que estudia para sabio,
da razón el que estudia la locura; yo daría digni-
dad porque estudiaba para poderoso: daría atención,
tiempo para arrancarles la verdad, y para eso me fi-

jaba en su cara cuando no lo advertían, y en la curva de los labios por si en ellos se pudiera marcar, en fragmentos, la satisfacción de un pensamiento de triunfo; o bien, medía la vivacidad de sus manos al tenderlas hacia un periódico, hacia el lápiz, medía la seguridad de sus dedos, afianzados o no en el tacto de la riqueza. Vigilaba a los dos: al padre, las palabras; a mi hermano, la alegría de sentirse rico.

Sólo al hablar del final de la guerra nuestro padre se alegraba y mencionaba los solares o sus alrededores como las arcas seguras de la fortuna, y esa mención bastaba para llevarnos de la mano por el puente de Toledo y subir hacia los eriales que la patrulla del relevo había recordado:

> *Si me quieres escribir*
> *ya sabes mi paradero:*
> *campos de Carabanchel,*
> *primera línea de fuego.*

Él también me espiaba, con habilidad, con obstinada insistencia, que no se detenía en lo más inesperado, como si todos los canales para llegar, sumergido, a mis secretos fueran válidos, aun los que, al requerir una asiduidad sorprendente, podían descubrirle. Si yo tarareaba algo, él levantaba la cabeza y, atento, me escuchaba; si yo me asomaba al balcón, procuraba seguir mis miradas, procuraba saber qué amigos tenía, procuraba aprender mis proyectos de futuro. Veo a mi hermano huroneando en mis bolsillos, en los cajones de mi mesa, en el asiento donde yo había estado sentado, el papel que dejaba sobre un mueble, la llamada por teléfono que daba, la conversación que tenía con mi padre. Hasta me di cuenta que leía mi cuaderno de pensamientos, un diario en el que yo contaba mi propia vida; extraía de mi existencia lo dudoso y vacilante, y lo dejaba allí, ensartado en líneas, pero a pesar de la llave del armario él lo alcanzó y lo hojeaba para seguir el curso de mis preocupaciones.

Largas horas de pensarlo —mientras pasaban los días angustiosos a la espera de encontrar comida, de una temida movilización general, de que un bombardeo destruyese nuestra casa—, y una tarde encontré cómo convertir en arma mía su curiosidad.

Hasta entonces yo escribía a vuela pluma, con letra diminuta, más pequeña cuanto mayor era la reserva, igual a todos los que escriben sus secretos inclinados sobre renglones confidenciales y cuentan su amargura, ya que en la liberación de este informe privadísimo podemos encontrar el consuelo que nos da otra persona. Así hacía yo hasta que supe la indiscreción de mi hermano y planeé trazar en el papel el esquema de una trampa con letras grandes, claras, cuyos rasgos aguzados abrirían la piel de quien leyese. Escribí:

"La enfermedad de Pablo avanza, la veo marcada en su cara y en la dificultad de concentrar el pensamiento y porque dice a medias las palabras. ¡Pobre hermano! Lo más evidente son las manchas bajo los ojos en cuanto toma alimento caliente, prueba indiscutible de que el mal progresa."

Volví a colocar el cuaderno en el mismo sitio, lo dejé en el armario donde siempre lo tuve y cerré con llave para esperar toda la tarde, y la noche, y la mañana siguiente, y cuando llegó la hora de sentarnos en familia a comer o, mejor dicho, a devorar unos alimentos precarios que eran nuestro único sustento, simulé indiferencia a todo lo que allí había para atender únicamente a lo que hiciera, y al tomar la sopa de agua salada con fragmentos de una verdura, pero cuyo calor parecía equivaler a un plato suculento, vi cómo cogía el vaso y lo miraba, no al vidrio transparente, sino todo lo que reflejaba, deformado en la superficie curva, capaz de devolverle una cara con manchas rojizas bajo los ojos.

Yo atendía a mi cuchara, midiendo las potencias de mi victoria, aunque pensaba cuánto espanta conocer la envidia y querer esquivarla, cuántas veces me habrá herido sin advertirlo, pues la herida de mano envidiosa no revela su daño, sino más tarde por los efectos y las consecuencias, mientras yo buscaba aclaración en su cara circunspecta, igual al que mira a una pared donde alguien escribió algo, o escudriña una foto borrosa, para saber qué mano lo trazó, qué cámara la hizo, espiar su más velado pensamiento, sus planes, los acariciados sueños de sus noches, a los cuales debía lo que era; debía a los sueños lo que era el día siguiente, y por aquel contacto, cada día cambiaba, y yo no podía preverlo, pues del sueño venía con una nueva fuerza, o posiblemente instruido, de tal manera que se reservaba más celosamente. Otros días se levantaba como si le hubiera dado cita o creado un convenio para la noche siguiente, y él no hacía nada sino esperar, absorto en sí mismo, reducido a una espera vacía. Más de una vez pensé que el mundo del sueño era su verdadero país, y que si salía para aquellos viajes de todos los días, le seguía sujetando por unas costumbres y por una lengua peculiar que no le permitía ser de nuestra vida cotidiana. Así era posible comprender su naturaleza fluida que escapaba a toda comparación con primos o amigos y nos dejaba absortos por su misma carencia de modelos conocidos, y buscando el que mejor conviniera, admití que sólo podría determinar sus dimensiones sustrayéndole al sueño, cerrándole las puertas de su patria: y así lo hice. Escribí en el cuaderno:

"Habla de noche, en voz alta cuenta lo que

hierve en su constante pesadilla; con palabras so-
námbulas se confiesa."

Sólo estas líneas. Aquella noche leyó hasta
la madrugada y no se acostó; se echó sobre la mesa,
borracho de sueño, y durmió así, aplastada la cara
contra los brazos cruzados, o fingió dormir, como
yo fingía extrañarme de aquella postura: tuvo que
ser su propio centinela, su celador insomne, y el
pretexto fue que no estaba dispuesto a bajar al refugio en pijama si empezaba la alarma de un bombardeo, pero el cansancio le exigía su tributo y le vi
dormitando en una butaca del comedor, aunque los
ruidos del día no le permitían llegar hasta las hon-
das estancias del sueño y sus bostezos descubrían
que ya no contaba con la ayuda del poderoso sobe-
rano. Lograr esto quiere decir pagar: ya está dicho;
no pasaron muchos días sin que sus aplastadas mejillas estuvieran más demacradas, según mi cuaderno
había previsto. Mis aliados eran las hambres propias
de toda guerra y una mano de plomo puesta sobre
la resistencia de aquel cuerpo minado por una larga
enfermedad que anunciaba, como los disparos nocturnos o las sordas explosiones al final de la calle
de Cea Bermúdez, una muerte de perro.

No podía esperar más: decidí alcanzar, por
los medios más directos, la única solución de aquel
dilema, en la forma apropiada al tiempo que vivíamos, al azar de los cascos de metralla, de minas que
hacían retemblar los muros y los techos, de la san-
gría incontenible de gente atravesada en plena calle;
pensé: será como una nube oscura que tapa el sol
y luego pasa; tras los rumiados cálculos de la lógica y la prisa, llegué a la decisión imprescindible.
Entre impresiones triviales de todos los días, escribí en el cuaderno:

"Conozco los solares de Carabanchel, muy
grandes y hermosos, es bueno haberlos visto para

calcular su extensión, y para saber lo que son hay que visitarlos, recorrerlos hasta donde terminan. Estoy contento de haberlos visitado antes de empezar la guerra, de haber pisado su tierra gredosa, para cuando haya que disponer de ellos tener ideas muy claras de su destino. Acaso una tarde volveré a ir, aunque estén cerca de las trincheras."

Ya estaba hecho, la moneda subía en el aire y en la espera yo tarareaba igual que quien regresa de una fiesta:

Campos de Carabanchel,
primera línea de fuego,

vigilando las bolas negras entre los párpados semientornados, disparadas hacia mí, diciéndome que no era mi hermano, sino un rival intransigente dispuesto a herirme con sus armas. Se acercaba el final; que llegase la autenticidad de lo más profundo, pues quien ha sufrido no puede ser fraterno, cuando en la mesa del comedor las rígidas caretas del alejamiento, de la ocultación, marcan la enemistad, la envidia, el pesar por los ajenos merecimientos o la buena suerte de aquel al que se odia, y todos callábamos entregados a un gesto benévolo, mientras yo sorprendía sus preguntas en voz baja, para saber del padre cuál era la línea de tranvías, en dónde terminaba exactamente, si se podía cruzar el río y cuánto se tardaría..., palabras de aparente pura curiosidad que le llevaban lejos, a donde yo le induje y los rumbos de mi porvenir necesitaban.

Llegó la noche y no regresó a casa; dieron las horas de la alta madrugada y estuve seguro que ya no volvería. Me lo imaginé por campos de alambradas buscando su dinero entre embudos de barro y alfombras de basura; como un tonto que va hacia sus errores, le vi alejarse camino de las balas.

Presagios de la noche

Inútil era detenerse a pensar las consecuencias que tendría para todos, o sólo para el soldado que contemplaba inmóvil los restos de la copa, vertido el transparente licor sobre el platillo, cubriendo a medias los fragmentos de cristal cuyas puntas se alzaban amenazadoras hacia la mano mantenida abierta y quieta encima de la asombrosa rotura. No serviría para nada aguzar la vista, cruzar la frente con una arruga mientras la pregunta —no expresada en palabras ni revelada en gestos— fluía velozmente desde la zona más honda del cerebro hacia las salidas naturales de la indagación, pero ni la boca ni los ojos cedieron al imperioso deseo de preguntar al soldado que no sabría nada ni, era seguro, jamás habría establecido relación entre los hechos relacionados con su estúpida vida. Porque la mirada era estúpida ante los restos de la copa, de previsible rotura, era cierto, pero no de aquella manera inmotivada e inexplicable, aunque fue visto por varios, por el mismo camarero, y sólo se les ocurría una justificación rutinaria muy sencilla, si bien insuficiente, porque en aquel momento el local estaba cerrado, nadie había abierto la puerta, no se había producido una corriente de aire y, menos aún, se había acercado al soldado otra persona que hubiese podido traer con ella un aviso de desgracia. La dependencia, si la había, la conexión invisible pero directa, la unión con otro cristal u otra materia cristalina igualmente frágil, que al romperse toma bordes hirientes y afilados, era estrictamente con el soldado, en relación con algo desconocido, entroncado en su más auténtica sustancia, de la que él probablemente nada sabría. Y, en consecuencia, alzó los hombros y se sintió liberado de hallar una explicación, haciendo una mueca de sorpresa al camarero. Pero éste —era un hombre ya maduro, lo que explicaba que estuviera allí y no movilizado— se le quedó mirando atentamente, a él, a la cara, y no al motivo de la sorpresa, a la prueba de que ante ellos había pasado algo extraño pese a la explicación que quisieron darle los que estaban al lado en el mostrador; le miró largamente con un gesto preocupado, de desconfianza o de negativa, negándose a aceptar la escena que acababan de presenciar, y en esta actitud había un destello de sabiduría superior a la conclusión que todos aceptaban. Pero sería inútil decirle algo para entrever si él también había captado el significado de lo ocurrido, si lo relacionaba no con la simple corriente de aire frío, sino con el futuro de aquel soldado, aun sin precisar en qué medida o de qué forma... Él sabía bien que era inútil: nadie sabe nada, nadie ha encontrado el imperceptible hilo que mueve a la vez dos sucesos lejanos y al parecer sin conexión, nadie está en el secreto ni puede acaso afirmar que es una llamada, un aviso, una anticipación de lo que viene, nada, ni lo saben ni lo aceptarían si se les dijese, ni lo reconocerían, sobrecogidos de esa probabilidad estremecedora de que el silbido melancólico y tenue del tren fuese efectivamente algo más, que llevara en sí tanto presagio como una copa que sin tocarla se quiebra, sin darle una ráfaga fría, porque entonces nadie abrió la puerta del bar cuyos cristales estaban pintados de negro para que desde fuera no se viesen las luces, y que tintinearon al cerrarla con mano insegura por la tensión de lo ocurrido.

Fuera, la oscuridad y el frío incrementaban los enigmas de los profundos solares al fondo de la calle, de algunas sombras rápidas que caminaban haciendo oír sus pisadas, de la suave claridad de las nubes que cruzaban el cielo nocturno: pero tampoco allí había respuesta en aquellos elementos indiferentes al hombre que sólo cabe escudriñar en su cerrada superficie, única parte accesible, sobre la que llega volando un silbido lejano, inexplicable de todo punto en aquella época, y, como un secreto de la noche, se percibe, parece aumentar y luego se desvanece en el aire húmedo de noviembre, silbido imposible de ser realidad porque sólo podía venir de una estación y éstas habían sido destruidas y ningún tren salía de ellas y se alejaba por los campos abandonados.

Una alucinación que nadie habría escuchado, de la que no se podría hablar y menos preguntar porque para eso estamos solos y una altísima muralla resiste voces y amores, gestos y anhelos, y el oído al que se destina la angustiosa confesión está cubierto de enormes piedras y los labios ya pueden repetir el rosario de súplicas —siempre lo es una confesión— que no serán oídas, y si a través de las distancias lo fueran, se entendería algo totalmente distinto y si la pregunta fuese acerca de los momentos en que las copas saltaron hechas trizas, la respuesta, entre soñadora y evasiva, se referiría a una corriente de aire penetrante como un cuchillo que con su hoja abriera de improviso la materia más dura.

Bajó por la calle de Cartagena, por el escenario de tanta vida cotidiana y tantas frustraciones, reguero de horas para el que esperaba en cualquier día la muerte, inhóspito camino de un gran

peso del alma pero ahora el peso gravitó en un
brazo y percibió con sentidos diferentes a la vista
una presencia que al hablar con voz de quien quisiera hacerse insinuante, desdeña las palabras y sólo
profiere entonaciones que supone exquisitas; pero
no entendía a aquella sombra y sólo acercándose
mucho distinguió una cara ancha y blanquecina junto al mostrador, con un gran espacio entre nariz y
boca, un enorme y ensortijado pelo sucio; hablaba
con alguien que le volvía las espaldas y en el calor
húmedo del bar, insistía en algo a lo que nadie
atendía, y ahora, ese peso de plomo le inclinaba
hacia ella, forzándole a retroceder en sus pensamientos y prestarle atención en la mezcla de im-
precisas sensaciones que había tenido en el bar, tan
ajenas a aquélla, un cuerpo redondo y grueso, una
mole cilíndrica, informe, que hablaba. Pasados unos
segundos se concentró y escuchó: entre las voces
masculinas en tono alto con su desesperado fingi-
miento de fuerza y alegría, encontró la incoheren-
cia de unas fantasías, de un sueño de grandes aventuras, pero como no daban alivio a su inquietud,
dejó de mirarla, y de pronto la hallaba de nuevo
a su lado, entreabriendo proposiciones de risas ahogadas, calada hasta los huesos de frío y desamparo.

—Estoy preñada —y los retazos de conversación habían seguido indiferentes aún antes del
percance de la copa, y estaba justificado que toda
la atención se centrase en los cristales rotos sin haberlos tocado nadie, pero ahora era aconsejable aten-
derla para liberarse de ella, de su peso colgado del
brazo izquierdo, y se vio precisado a bajar un poco
la cabeza y mirarla de cerca aunque en la oscuridad
poco esperaba ver de sus gestos cuando la dijese
que le dejase en paz, que estaba bebida. Pero escuchó lo que decía y le intrigó porque también aquella golfa alcoholizada y medio tonta había visto más

allá de la copa rota y lo comentaba exactamente como él había pensado: "Eso trae la mala suerte, no es bueno para el soldado", y se calló, dejando que sus palabras hicieran el efecto que perseguía, acaso atemorizarle o hacerle partícipe del recelo que a ella le había producido, pero en lugar de una palabra de desdén el joven le dijo que no sólo para el soldado, sino quizá para todos los que estaban allí y caían dentro de la onda del maleficio.

—Como una maldición contra alguno —murmuró la mujer y cuando él inquirió si lo creía así, ella afirmó y ya acostumbrados los ojos a la oscuridad pudo ver que aquella cara deshecha por todas las pisadas que marcan una cara de zorra de lo peor tenía una sombra de miedo que coincidía con lo que él había sentido al escuchar el lejano silbido del tren.

—¿Cómo saber si me va a pasar algo malo? También yo tendré que ir, mañana acaso me movilizan, me llevan a que me maten porque yo estaba al lado cuando se rompió la copa, quizá eso era por mí y no por el soldado que se quedó tan tranquilo... —Pero la mujer replicó que también ella estaba cerca si había un maleficio y que también a ella le alcanzaría igual que salpica el aceite hirviendo sin poder evitarlo, y entonces los ojos se le abrieron más, dilatados por una extrañeza que le bajaba por las mejillas, desaliento que a todos alcanzaba en aquella ciudad de muerte, los dos mirándose pero atentos a peligros muy diferentes y a la busca de salvar algo si es que era posible, quietos, uno junto al otro, tan desconocidos entre sí, con riesgos distintos.

—No hay nadie que pueda decirlo, ni ayudarme, nadie puede salvarme de este matadero.

—Yo conozco a una señora que sí puede decirlo.

Entre la desconfianza y la intranquilidad se abrió paso una mujer mayor, de pelo canoso, arrugada, vestida de negro, que avanzó hacia él como alguien conocido que trae la solución de un problema; no libraría de los peligros innumerables, él bien lo sabía, pero sí propondría un plan para zafarse de aquel augurio indisolublemente ligado al silbido del tren lejano.

—¿Quién es? ¿Una señora?

La cara de la prostituta se le aproximó para salvar la distancia que había con la suya, acaso para pegar su boca mal pintada a su oído y traspasarle un secreto que a ella se le antojaba terrible, y así murmuró el nombre de una calle cercana. ¿Qué tenía que ver con su marcha al frente aquella dirección? Muchas veces había pasado por sus aceras mal pavimentadas, junto a sus hotelitos con jardines polvorientos y nunca había observado nada que pudiera relacionar con la mirada anhelante que se alza al firmamento las noches de noviembre, cuando se escucha lejanísimo el silbido triste y prolongado que anuncia lluvias otoñales o acontecimientos imprevisibles. Pero sin otra solución para el temor a ser movilizado ni aclaración exacta de por qué aquella copa saltó en mil pedazos, se dejó llevar por el deseo de confiarse a alguien y buscar un apoyo y se imaginó enfrente de una mujer vieja que le sonreía y le ponía una mano sobre el hombro.

—Pero ¿quién es? —se inclinó desasosegado hacia la cara estúpida de la golfa que decía que sí con la cabeza como también hacía la vieja cuando entró en la habitación, mal alumbrada y de atmósfera enrarecida, y la vio ante él, pequeña y frágil, sentada tras una mesa-camilla, cabeceando como si luchase con el sueño de la vejez y no pudiera mantenerse despierta entre los secretos de la baraja extendida ante ella. Él llevaba secretos al

entrar en aquella casa, los temores por su vida
futura y la necesidad de descubrir si tenía alguna
explicación los imprecisos hechos que sorprendía
en torno suyo, anticipando quién sabe qué acontecimientos desoladores, porque no podía prever otra
cosa, tan hirientes como los perfiles del cristal roto
o los finísimos regueros de sangre que la luz amarillenta de la escalera les permitió ver en las piernas
blanquecinas de la mujer cuando ella se subió la
falda y los dos se quedaron mirándolos, incapaces
de comprender qué era aquello hasta que no lo
dijo con voz gutural—. Pero si es sangre... —palabras que le recordaron lo que había oído en el
bar: "estoy preñada", y ahora fluía en líneas oscuras a lo largo de las piernas... Ella no dijo más,
salió despacio a la calle y desapareció dejándole
transido de una sensación de algo inminente, pero
él había ido allí para salvarse y nada tenía tanta
importancia como las preguntas que llevaba en su
pensamiento y por las que había insistido aquella
desgraciada que le acompañara, incluso ofreciéndo-
le dinero, para que le abrieran la puerta y le aten-
dieran; mañana podría ser demasiado tarde y le
arrastrarían al frente, a los peligros de un tiroteo
o un morterazo del que no podría escapar. Ella dijo
algo, que no era posible a aquella hora; pero acabó
cediendo y colgada de su brazo le condujo por la
incierta oscuridad del barrio solitario, probablemente para obtener el pago prometido.

Sin duda un maleficio les había alcanzado
y para distanciarse subió rápido la escalera de madera y llamó en la puerta. La vieja le señaló el lado
opuesto de la mesa, sin decir una palabra, el sitio
donde había una silla y en ella se sentó con un movimiento pausado sin quitar los ojos de las sombras
que le cubrían el rostro como una careta y que des-

cendían hasta el tapete de color impreciso sobre el que clareaban las cartas de la baraja.

Las esparció, le dijo que tocara una, que la rozara con los dedos solamente, no que la cogiese, y luego la colocó en el centro de una cruz de cinco cartas que rodeó con un círculo de éstas, una de las cuales levantó y murmuró en voz baja: "Preocupaciones"; alzó otra y esta vez dijo más alto: "Recibirá dinero."

Él avanzó el cuerpo y empezó a hablar contándole que no venía por eso, sino para saber qué hacer y cómo librarse de ir al frente y eludir los mil riesgos que habrían de rodearle allí y que le horrorizaban porque presentía amenazas, lejanas, sí, pero que le aguardaban en los campos desiertos al ponerse el sol y dejar éste una franja de cielo iluminado sobre las montañas distantes, hacia la que parecía correr un tren que únicamente hace oír el silbido de la locomotora como un presagio de muerte o de desgracia. A lo cual la vieja señaló a las cartas: "Aquí está todo: el dinero, el amor, los negocios", y otra vez él la interrumpió para maldecir la guerra a la que no quería ir, costara lo que costase, y lo dijo con tanta vehemencia que la bruja se irguió ligeramente, asustada o desconfiando de quien tenía delante; se sacó del pecho otra baraja y la echó sobre la mesa. En las cartas él vio figuras torpemente dibujadas que no distinguía bien pero que le intrigaron, como todo aquella noche que ojalá terminara pronto con sus imprevistos hechos, personas y ruidos, todo incomprensible, aunque se acercara más a fin de ver lo que podía tener relación con su destino. Las recorrió ávidamente para descubrir cuál era la suya y percibió que todas tenían movimientos levísimos en sus enigmáticas representaciones: en una, un león ahorcado en un árbol; en otra, una pareja cogida de las manos ro-

deada de una muralla; en otra, un enano empuñando una flecha, y todas se agitaban y cambiaban
de posición para ser sustituidas por serpientes co-
ronadas, corazones ardiendo, hombres con la cabeza
cortada, que aunque se acercase más no le entrega-
ban su secreto, y entró en el ritmo de sus cambios
para fijarse en una y otra, por si en ellas estuviera
simbolizada su vida, y para comprenderlo debía co-
rresponder a las miradas que creía percibir: prin-
cesas y caballos, flores y ranas, todos le miraban,
pero desviaban sus ojos y quedaban inmóviles cuando él les interrogaba sobre los acuciantes presagios
nocturnos que le habían llevado allí.

A su derecha le atrajo una carta inmóvil,
un bloque de piedra donde un hombrecillo cruzaba
un puente, en la mano un puñal, rígido y desafiante: no era como los otros, y preguntó si aquélla
sería la suya, pero la vieja no respondió, sino que
se pasó la mano por los ojos y suspiró sonoramente
y a las preguntas insistentes puso los dedos sobre
aquella carta, casi tapándola, y le aseguró que allí
estaba él, que la carta hablaba claro de lo que él
sería, de lo que iba a ocurrirle.

—El audaz pasa sobre el peligro y no cae.

Tenía miedo de que le matasen, de ir a pasar
miserias a las trincheras, hambre los días de ataque, sueños malos echado en el suelo de la chabola,
ofensas, heridas, enfermedades con las heladas de
enero, pero ¿qué hacer?, porque lo que él quería
era un consejo, ¿qué audacia cabía si estaba cerca-
do, como un ratón en su madriguera? Por primera
vez pensó si era verdadero miedo a morir o negativa a convertirse en uno de aquellos que formaban
los batallones que a veces desfilaban por las calles
y que no eran sus iguales: ser un hombre cualquiera, un obrero acaso, un jornalero embrutecido,
condenado a pasar la vida en el trabajo.

—Pero ¿qué dice, qué dice sobre mí?

La vieja estuvo un largo rato tocando la carta sin moverse, luego murmuró que no veía bien, que estaba medio ciega, ya no veía más que manchas, tenía muchos años y los ojos se le cerraban y donde veía una sombra decía que era un cuerpo, y donde algo brillaba decía: oro, pero no distinguía, ciega como había estado toda su vida, esforzándose siempre en ver la suerte de los otros, tanteando en una oscuridad de cosas, de personas, pero sólo interpretando y buscando parecidos, segura de que se equivocaba: no podía hacer más. Otros comprenderían mejor que ella y al oír esto el joven la interrumpió para ofrecerle un buen pago, todo lo que pidiese, él tenía dinero y se lo daría.

La carta seguía muda y la vieja suspiraba y entonces una mujer joven entró en la habitación y le rogó que se marchase, era muy tarde y la señora estaba fatigada, sin duda con esa fatiga que quita las ganas de hablar, de tomar cualquier iniciativa que no sea pensar únicamente en el problema tan difícil de aclarar, tan cerrado a toda solución, y la seguridad de que nuestro raciocinio no es bastante para solventarlo, igual que en las calles, la oscuridad de la noche no deja ver el comienzo de las casas y se tropieza, aunque se extiendan las manos, buscando un punto seguro donde apoyarse y poder interpretar no sólo la copa estallada en fragmentos o la sangre que anunciaba muerte de un ser no nacido aún, sino otros avisos como una ventana cerrada de golpe, una luz que se apaga, los crujidos de los muebles, los roces imperceptibles...

La mujer le llevó hasta la puerta y le miró fijamente para decirle que la vieja no trabajaba por dinero, sino para hacer el bien, para ayudar a los demás, pero él tenía miedo y los que tienen miedo no merecen ayuda, menos aún en medio de una guerra, porque en ella todos se jugaban la vida y peleaban valientemente, y los hombres combatían como fieras por defender aquella ciudad que era la suya y no querían perderla; mejor estar dentro de ella y no huir porque un día se avergonzaría de no haber luchado en su defensa y, lo quisiera o no, su recuerdo habría de volver y le parecería un sueño de indignidad y vileza.

Probablemente observó el gesto de angustia del joven y le dijo que no hay tales presagios, que nadie vigila nuestras vidas y estamos solos: escucharás, contendrás el aliento y los ruidos que puedan llegarte no serán un aviso, ni un consejo, porque todos hemos oído en torno nuestro roces inexplicables y, convéncete, nadie anuncia así su presencia y nadie te advertirá que una mano está a punto de estrangularte y no podrás escapar a tu miedo y a tu cobardía.

Bajó a la calle y se metió por ella, pisando charcos y adoquines hundidos, con el temor de que los duros perfiles de una copa rota se apoyaran en su hombro y una voz le gritara algo al echarle a la cara la luz de una linterna para deslumbrarle y que no supiera contestar cuando le preguntaban qué hacía allí, a dónde iba, qué documentación tenía y mientras él alzaba la mano hacia el bolsillo interior de la americana pensaba que los augurios se precipitan en símbolos y anuncian las palpitaciones de los días, por lo que todo habrá de tener su presagio, aunque no lo percibamos y tranquilamente realicemos un acto, como es entrar en un bar y si por casualidad tienen anís, pedir una copa y tomarla y, de pronto, ésta se rompe en mil pedazos sin saber cómo y nos quedamos intrigados hasta que otro hecho cualquiera nos llama y lo contemplamos atentos, con una náusea, con la repugnancia con que se miran los injustificados regueros de sangre que bajan hacia unos zapatos de mujer; y escuchamos infinitamente lejos un aullido que se desvanece y vuelve a aumentar, arrastrado por el viento húmedo y puro de la noche otoñal, una voz doliente de alguien condenado a extinguirse, pero que antes quisiera dejar dicha su última palabra con una modulación única y sobrenatural que presagia la luz de la linterna, gruesos capotes cruzados de correas, un fusil bien bruñido y la orden de ir al cuartel, al frente, a las trincheras donde todo rastro se pierde.

Heladas lluvias de febrero

Oyó cada palabra claramente, pues los dos hombres hablaban a su espalda y no cuidaban de decirlo bajo.

En el refugio no conocía a nadie; de pie, los unos pegados a los otros, entrecruzaban conversaciones banales que se cortaban cuando del exterior llegaban ruidos, a la escucha de que las sirenas determinaran lo que sería de ellos. ¿Cómo era posible hablar así? Mientras ellos estaban bien protegidos del bombardeo, miles de soldados se exponían a la muerte, dormían en el barro, amontonados en chabolas llenas de piojos, ninguno de ellos podía lavarse en muchas semanas y tenían tos, y reuma y el estómago no les aguantaba la comida... Mientras tanto, dos hombres de la retaguardia les maldecían, a ellos y a la guerra...

Fuera hará frío; el aire barrerá las nubes abriendo el helado abismo de las constelaciones, a cuyas figuras alzan sus ojos los que esperan ayudas misteriosas. O acaso vendrán más lluvias y, por encima de las cabezas y los cascos de hierro, las lenguas de cristal murmurarán sus purísimas palabras y bruñirán con su roce las calles de la ciudad silenciosa... Volvió un poco la cabeza y miró severamente a los que hablaban contra la República y contra el Frente Popular.

Un viejo le preguntó:

—Usté es extranjero, ¿verdad?

Él ve a todos apretados contra las paredes de cemento, pendientes de los ligeros parpadeos de la bombilla que cuelga del techo, como si esperasen la señal de un mensaje que viniera a salvarlos.

—… para prestar ayuda —dice en voz alta, pero nadie le entiende y a los que le miran se apresura a aclarar—: Sí, soy extranjero.

Los más, tienen un gesto de cansancio, se hacen los distraídos de lo que oyen; los que han querido que él hablase para hacerlo igual a ellos, a pesar de su raro uniforme, le contemplan con curiosidad, pero no dicen ya nada, atraídos por razones personales y urgentes.

El extranjero mira a la mujer callada que lleva la cabeza envuelta en un hermoso pañuelo, se la acerca y murmura que allí no hay peligro alguno, suponiendo que ella comprenderá su intención amistosa de llenar el espeso vacío del refugio, pero la mujer, como si lo hubiera interpretado de forma muy distinta, le responde que ya dura mucho, que todo allí dura demasiado para que al acabar se tengan consideraciones. La escucha y no sabe a qué se refiere; ella bisbisea y baja la cabeza, aunque él la había sonreído abiertamente para impregnar de confianza la lengua clara y diurna que emplea con todos desde que llegó a Madrid. Pero los ojos en ciertos momentos pueden ser un idioma extranjero y así ella le echa una rápida ojeada despreciativa y él no entiende y se queda sorprendido por la aparición de un impulso que le lleva hacia la escalera que da a la calle. Desea salir fuera; el refugio habrá sido una breve espera en casa ajena donde es imposible detenerse y crear amigos y de nuevo se confiará a la fraternidad de las patrullas en los combates al amanecer y en los inciertos golpes de mano, y, sin embargo, allí despierta interés, le reconocen, le han preguntado si era extranjero.

No, ya no era allí extranjero. Se había sentido libre y seguro desde que llegó, únicamente receloso de los rayos translúcidos con que los reflectores recorrían las nubes algunas noches, y sólo entonces volvían los recuerdos de Dresde o de Hamburgo, cuando las manos parecen afilarse y perder vigor, tiemblan ligeramente y nada puede cambiar su tono yerto mientras descansan en el borde de una mesa y los oídos acechan ruidos en la escalera, las botas de los que vendrán a registrar, a incautar papeles, cartas, a detener, a llevar a una larga peregrinación de cárcel en cárcel hasta el matadero bien conocido o entrevisto por la suerte que tuvo algún familiar o algún amigo.

Pero pronto terminará la alarma y volverá a reintegrarse a su unidad, junto a miles de hombres como él, decididos, armados, notando el peso de la pistola en la cadera; no importará el frío de la lluvia al cruzar campos de escasos matorrales donde el viento es el único ser vivo.

—¿Estás de permiso?

La pregunta corta su reflexión y le obliga a planear bruscamente sobre la tela de araña que prende su vida, haciéndole recomponer día a día los restos de la catástrofe que fue su época; para otros, fue una enfermedad, una pequeña herida; para ellos, el riego total, de casi imposible remedio.

"Sólo con la razón comprenderemos lo irracional de esta época", se lo dijo Weiss en el Paseo del Prado, a pleno sol de la tarde invernal, camino de los puestos de libros viejos, atento a su cara demacrada en la que no ve su escueta fisonomía personal, sino una acumulación de rostros con los que se había cruzado desde que huyera del nazismo y que ahora le dijeran: "Tendremos que reconstruir el siglo."

Pero ¿estaría equivocado? Había oído claramente a su espalda: "Ya no cuentan con la ayuda extranjera, tendrán que rendirse y entregar esta maldita ciudad de basura y mierda, porque les falta el arroz y las municiones y sin eso no pueden defenderla, sin comida no resistirán, esto se está acabando y no habrá perdón para ninguno de ellos..." Hablaban en voz alta y acaso nadie les oía, porque todos estaban pendientes de que sonara la sirena dando fin a la alarma en el gran engaño de que el peligro iba a terminar y sin más riesgos acabarían las inquietudes y se restablecerían sus rutinas diarias para volver a un feliz tiempo pasado.

Rumiando negros pronósticos, al cabo de una hora está en un bar de luz mortecina y pregunta al tabernero si tiene algo para beber.

—Sólo hay ginebra, muy mala, nadie la quiere.

En el mostrador, otro hombre encogido dentro de una gabardina con señales de mojadura en los hombros, medio tapada la cara con las solapas subidas, bebe el líquido cristalino.

—¿Eres un internacional? ¿Cómo estás tú aquí si todos se han ido?

—En cualquier sitio había enemigos. Las noticias de los periódicos, una carta, todo anunciaba la gran mano que podía cogerme dentro.

—Pero ésta también es una ciudad cercada.

—No había tranquilidad para mí y para otros como yo. Lo mismo en Bruselas que luego en París, nos esperaba ser cazados un día.

—Pero aquí las balas perdidas o los obuses alcanzan a todos. Constantemente cae gente muerta en las calles.

—Llegué y comprendí que era la ciudad donde podía quedarme porque estaba defendida por perseguidos como yo... La única ciudad en la que no temería al sufrimiento, o a algo peor.

—Estamos sitiados, bien lo sabes, y los frentes se debilitan y dentro hay miles de enemigos que esperan para atacarnos por la espalda.

Al oír esto, el extranjero se le acerca y le contempla sin pestañear.

—Pero Madrid es un refugio. Entonces me era preciso encontrar una ciudad para dormir sin miedo, que cada pared fuera como el brazo de un amigo, buscar en los ratos de ocio, en los paseos, el recuerdo de otra donde me sentí confiadamente compañero de todos.

El de la gabardina le sonríe y ambos alzan las copas de cristal blanco y beben de un trago.

—No sabría qué hacer con mi vida si no es quedarme aquí. El hambre, las penalidades, todo es mío.

—Sí, comprendo lo que dices y pienso como tú, pero la guerra está terminando, será cuestión de días, de semanas, y todo habrá acabado.

—He andado libremente por las calles. Cuanto es vida seguía su curso, pese a todo lo que está pasando. Aquí, una parte al menos de mi destino dependía de mi decisión y podía calcularlo a plena luz. ¡Oiga, otra copa!

—Si nos rendimos, no sé qué será de nosotros.

El hombre con gabardina saca del bolsillo un periódico, echa una ojeada al tabernero que está inmóvil, ausente, con la botella de ginebra en la mano, y señala una noticia al extranjero, el cual se inclina, lee y hace una mueca con los labios.

—No es posible. Madrid resistirá.

Vuelven a vaciar las copas y se contemplan.

—La guerra está terminando, camarada, ¿tú qué vas a hacer?

—En el refugio he oído…, pero no, no todos piensan así.

—Son dos años y medio de guerra, un esfuerzo superior a lo que pueden porque son albañiles, panaderos, empleados, sastres, no sabían nada de guerra y han tenido que hacerla, un gran esfuerzo... a vida o muerte.

—Ya es hora de cerrar —gruñe el tabernero, y el hombre de la gabardina murmura:

—Si la guerra termina, tendremos que marcharnos...

El extranjero niega echando unas monedas en el mostrador, reacio a los presagios de aquellas palabras.

Salen. La lluvia fría oscurece todo, araña las mejillas y hace bajar las cabezas acortando la respiración para tomar la actitud amenazadora del que corre entre matorrales, atento al primer disparo, engañado por los ruidos del aguacero, por el crujido de una rama rota que se transforma en el estampido cegador cuyos resplandores enrojecen los troncos de los árboles y duran lo suficiente para disparar a ciegas. El extranjero sale al centro de la calle, tropieza, levanta el puño izquierdo, alto, por encima de la boina, y da voces:

—¡Frente rojo! ¡Frente rojo!

Cae la lluvia sin parar y las gotas bajan por la barba hasta el húmedo embozo del capote.

Sentía empapada la gabardina; dos pasos más y se encontró cerca de una oquedad donde podía protegerse del agua, pero a un lado descubrió una figura inmóvil, una persona dormida de pie, un gran saco de ropa parda que le recordó los fardos en las estaciones; cuando avanzó más comprendió que un soldado rígido le contemplaba apoyado en la jamba, resguardado de la lluvia. Se puso a su lado, donde ya no sentía las gotas en la cara, y le miró.

—¡Qué tiempo tan malo!

—Sí, llueve mucho.

La voz del soldado era tranquila y clara, demasiado alta, como si el silencio de la noche lluviosa o su misión de vigilante no le intimidasen, o creyera que el zumbido del agua cayendo por todos sitios le permitía hablar alto.

Observó que el soldado tenía colgado al hombro el fusil con la bayoneta puesta.

—¿Es esto un cuartel? —necesitó preguntar, y oyó con extrañeza:

—Sí, claro.

Se salió de la puerta.

—Entonces no puedo estar aquí.

—¿Por qué no? Está lloviendo tanto...

—... prohibido.

—Bah..., psss —bostezó y se hundió más en el portalón ante el que caían los goterones del tejado. Entonces el hombre se volvió a poner junto a él y miró para arriba como si quisiera descubrir en la oscuridad nocturna el lugar de donde les llegaba tanta agua pulverizada, en impalpables gotas heladas, pero lo que vio en las nubes fueron dos líneas blanquecinas que insistentemente cruzaban de un lado a otro, perdiéndose y reapareciendo como dos espadas gigantescas cruzadas sobre los tejados de los que a veces saltarían reflejos de charol, despertados del sueño que inundaba la ciudad. Pasó un largo rato en que la atención se concentró exclusivamente en aquellas rayas luminosas, de tenue luz.

—Hay alarma esta noche.

—Sí, aviación.

El hombre se ajusta la bufanda al cuello, encogiéndose en la gabardina.

—Acaso haya bombardeo, está muy nublado, es una noche apropiada y precisamente...

Miró al soldado para comprender lo que habría pensado al oír sus palabras, pero, tras el cuello del capote subido y el casco, no distinguió nada.

—Hoy puede haber un ataque, una sorpresa, los cañones comenzarán de pronto y los morteros harán saltar todo con una tierra tan blanda..., ¿no crees?

—Puede ser..., psss.

—No se puede confiar. Hay que estar siempre alerta. Tú también, claro.

Miraron ambos a un lado y a otro de la calle, cerrada por las rejas de la lluvia tenaz. No se oían pasos ni el ruido de ningún coche: sólo el agua respirando sobre las cosas.

—Voy a Ríos Rosas. ¿Sabes hacia dónde cae?

—Ríos Rosas es... la tercera.

—Me voy, no escampa. Salú, compañero.

Echó a andar. El estómago le recordaba que sólo había tomado un plato de lentejas cuando la radio estaba dando el parte del mediodía; había cogido una cuchara y distraídamente la había hundido en el caldo oscuro y la había dejado así unos segundos, porque los movimientos habían suspendido su función para permitir que el pensamiento siguiera las nítidas imágenes de tropas entre ruinas, trincheras abandonadas, hambre. Cuando alzó la cuchara y vio la redondez de las minúsculas moneditas pardas que la llenaban, y de las que llegaba olor a ajo: "Dentro de poco, ni esto quedará", oyó a alguien que se refería acaso a las trincheras, a las municiones o a las lentejas imprescindibles de cada día.

Suspiró y siguió andando en la atmósfera impregnada de agua. Iba despacio, tanteando el suelo, sin verlo apenas por la falta de farolas, de puertas iluminadas, de balcones encendidos, de anuncios luminosos. Miró las fachadas como muros negros de carbón y arqueó los labios renunciando a aquellos recuerdos, precisamente al desembocar en una calle conocida y dirigirse al suave resplandor de unas puertas con cristales tapados con cartones. Entró en un bar, se fue al teléfono, lo manejó varias veces hasta que consiguió comunicación. Con la mano hizo una bocina para concentrar la voz y que no le oyeran varias personas que estaban allí reunidas, que se volvían hacia él y cruzaban miradas con el hombre del mostrador: sobre el cinc había unas copitas de un líquido oscuro y sus ojos se detuvieron en ellas mientras oía los chasquidos de la línea y una voz soñolienta. Entonces habló:

—Oye, Luis, Luis, soy Santiago. Escúchame. ¿Puedes atenderme ahora? Es que quiero hablarte... un momento sólo, muy poco; no me da tiempo de ir a verte, ya sé que sería mejor en persona, pero me es imposible. Grave, sí. Decirte que no puedes renunciar, que no puedes dejarlo, es tu propia vida y no vas a cambiar en unos días... Escúchame, hay que cargar con la responsabilidad, aunque tú no lo quieras estás sujeto a lo que has sido y a como has pensado, es algo fatal, eso está unido a ti, ¿entiendes? Hemos vivido una época muy dura y todos estamos comprometidos, no podemos evitarlo, hagas lo que hagas será tu sombra, como tu sombra, sí, escúchame, escúchame, no puedes renegar de lo que has sido, oye..., Luis, Luis...

Se separó del aparato, volvió a escuchar y tras una vacilación colgó el auricular y pasó a lo largo del mostrador para pagar al viejo camarero, pero su atención se fijó en el contenido de las copas, ahora precipitadamente en las manos de los allí reunidos.

—¿Hay algo para tomar?

—Bueno..., si quiere, aquí, un coñac...

Dijo que sí con la cabeza y cuando se acercó la copita a los labios encontró las caras hoscas de los clientes del bar, fijos en él, vigilantes, siguiendo en silencio el movimiento que hacía para beber, como preparando una réplica a su gesto. Bajó la mano, se sintió rodeado de personas extrañas, de extranjeros que viviesen en otra ciudad, que tuvieran otras costumbres y otro porvenir. En medio de enemigos que esperaban algo diferente a lo que él aguardaba, levantó la copa y dijo con voz no muy segura:

—¡Viva la República!

Y después del trago, echó dinero en el mostrador y salió a la humedad, a la noche obstinada, donde todo aumentaba la impenetrable oscuridad; fue despacio hasta el cruce con Abascal, pisando la acera con pies cautelosos. Se detuvo en un portal cuya puerta aún no estaba cerrada y donde el aire helado parecía atenuarse, y al rato oyó bajar a una persona que se puso a su lado: era una mujer. Ambos se quedaron allí sujetos por los soplos de la lluvia hiriente, ambos cerrándose los cuellos.

—Qué manera de caer. Si no voy a poder salir...

—Está lloviendo mucho.

—Y el frío de mil demonios. Dónde vamos a parar con tanta agua... —hubo unos segundos de silencio. Chascó la lengua—: Y sin comida y sin carbón, todo el día helados de frío, y además los obuses... Son muchos meses, no se puede más. Hay carbón, pero no lo dan. Dicen que es para la industria... Es imposible aguantar más. Si esto no acaba pronto, va a ser la muerte de todos.

El hombre salió del quicio y siguió andando con los ojos entornados para evitar las gotas; apenas los necesitaba en la oscuridad. Las calles se extendían bajo un cielo con nubes claras.

Se detuvo delante de un portalón, enorme espacio vacío, apenas visible, resonante de los taconazos del centinela, y le dijo secamente:

—Necesito hablar al comandante Carranza.

Y para ello le llevaron por una escalera hasta un despacho donde había un oficial de espaldas, inclinado sobre una mesa, hojeando papeles. Se le hubiera podido matar fácilmente si alguien llegase allí con este fin y aprovechara para liquidar a uno de sus más totales enemigos.

—Hola, Carranza.

—¿Qué? —al volverse bruscamente abrió los brazos—. Si eres tú. Qué sorpresa. Me alegro de verte —casi se abrazaron—. ¿Qué pasa? ¿Por qué vienes a estas horas?

—Comprendo que te extrañará, pero no he querido esperar a mañana para hablarte. Tengo que decirte algo.

Se sentaron con la mesa por medio. Frente a él, el oficial grueso, pálido, con pelo entrecano sobre las gafas, le miró sin decir palabra, pero había una gran atención en sus ojos miopes.

—¿Qué quieres?

—Decirte que esto va mal, que no os fiéis de nadie, que dependemos de vosotros.

El oficial asintió con la cabeza; si no fuera por la fijeza de su mirada, parecería un cabeceo de sueño a aquellas horas de la noche.

—Tú lo sabes bien, pero yo quiero repetírtelo: miles de vidas están en vuestras manos, familias enteras.

—Sí..., un gran peligro.

—Y aquí dentro, en las calles, en las casas; habría que aumentar la vigilancia, poner guardia en esquinas y tejados, y también fuera, ahí...

Señaló un mapa que estaba clavado en la pared, entrecruzado de rayas y señales rojas y azules como la red venosa de un gran órgano abierto.

—Todos hablamos de eso —murmuró el comandante.

—¿Del frente?

—De los últimos días.

Quedaron callados y el oficial se puso la mano izquierda sobre los ojos, cegado por la evidencia de lo que decía. Luego parpadeó:

—¿Por qué has venido?

—No sé... Esto está terminado. Una rendición, o rompen el frente en cualquier momento, y entonces...

Volvieron a mirar el recuadro amenazador en la pared, de líneas incomprensibles. En aquella habitación se notaban aislados por el silencio de la hora que se extendía fuera igual que una niebla densa.

—Sólo he querido comentarlo contigo; eres de los pocos en quienes aún tengo confianza.

Se levantó y le tendió la mano.

—Yo también, constantemente lo pienso: se aproxima el fin, va a llegar de un momento a otro y, no obstante, hay que seguir actuando como si nada ocurriese.

—Yo noto igual que cuando en sueños quieres gritar y no puedes, y vas a correr y las piernas no te obedecen, una sensación parecida.

—Son días muy malos. No sabemos lo que puede durar...

—Yo tengo muchos años y temo lo desconocido. No me hago idea de lo que va a ocurrirnos.

—Acaso... marcharnos, pero ¿a dónde?

Los dos hombres se habían aproximado y hablaban en un tono bajo como dos confidentes o dos espías transmitiéndose consignas secretas; se miraban a las caras y al movimiento de los labios.

—Sí, es el final. No olvides lo que te he dicho.

Y bajó de prisa los escalones, buscó la salida y se hundió en las cortinas que las tinieblas tendían ante las casas y las frías distancias.

A pocos pasos vio una figura alta que venía a él con pasos inseguros. "Un borracho, sin duda, o un loco", y se dio prisa en alejarse de aquel hombre que decía algo mientras daba traspiés.

Pasados unos minutos, se detuvo, rozó los zapatos en el bordillo de la acera, ausente de los inútiles nombres que cambiaban el aspecto de aquel sitio conocido. Pasarían unas horas y volvería a aparecer una claridad imprecisa que dibujaría de nuevo los perfiles de las fachadas y las rayas oscuras de las farolas desmochadas y los troncos desnudos de acacia; también se iluminarían los solares hacia los descampados de Cea Bermúdez. Volvería la luz y él se encontraría en la oficina de Recuperación, bostezando, soñando con tomar un café auténtico, escuchando las conversaciones de los compañeros, con un peso en las manos, en los ojos, pendientes de la radio, de lo que decía o iba a decir.

Atravesó una zona de vertederos y acortó sus pasos, que el terreno blando hacía inseguros, tropezó varias veces y dejó atrás las ruinas de dos casitas. Subió a una altura; ya no llovía, pero las ráfagas heladas le empujaban. De pronto sonó un morterazo en el frente, extrañamente cercano, y le siguió un tiroteo. Varios resplandores iluminaron el horizonte delante de él y se renovaron las preocupaciones y anhelos del nuevo día; oiría la radio, seguiría atentamente el parte de guerra, se distraería desdoblando un periódico, miraría el conocido sillón de cuero desgastado...

Todo volvió a quedar en silencio. Sólo oyó hablar a una patrulla de soldados que cruzaron el camino por donde él iba; estuvo quieto en espera de que pasaran.

Llegó delante de los muros del cementerio

de San Martín, aspillados y rotos por bombardeos, sobre una altura, como una fortaleza antigua que hubiera sobrevivido y, cerca del frente, sirviera para detener un ataque y, antes de desaparecer, fuera útil a los vivos.

Se quiso distraer con un ruido distante: el retumbar de un vehículo que aprovechaba la noche para atravesar los últimos solares que lindaban con las trincheras. Pero en seguida regresó el desaliento de haber terminado una tarea, todo estaba acabado, y sin prisa, notando cómo el agua le escurría por el cuello, se abrió la gabardina, palpó el pequeño revólver y lo sacó del bolsillo interior de la chaqueta.

Las lealtades

El ruido era de un coche que fue a parar delante de la puerta, negro, pequeño, con mil arañazos y señales de golpes y manchas de barro del que llevaban las ruedas adherido y seco, prueba evidente de haber corrido por caminos enfangados o calles medio levantadas aquellos días de lluvia.

Al alzar la vista vio cómo se abría una portezuela y asomaba la cabeza de un soldado que luego sacó las piernas y despacio pisó la acera mirando al portalón, su oscura profundidad, mientras otro soldado, por el lado opuesto del coche, daba la vuelta y echaba un vistazo a la fachada y se ponía detrás del primero, y entonces ambos le miraron a los ojos, fijamente, con la fijeza del que quiere reconocer a alguien y teme que no podrá porque siempre tendrá ante sí a un desconocido. Ellos también eran desconocidos. El centinela lo comprobó desde el primer momento y permaneció sin moverse en el marco monumental de la puerta de piedra renegrida por el paso de tantas personas y vehículos en aquellos dos siglos últimos. Su capote desgastado se confundía con la penumbra que detrás de él formaba el gran portalón, casi como una cueva en la que pudiera caerse de entrar más allá de donde estaba el centinela.

—Quiero hablar con Julio Palomar —dijo el recién llegado, sin dar un paso, sin un gesto que anunciase que hablaba, sin cambiar la expresión hermética de la cara bajo la gorra de plato.

Entonces el centinela iba a mover los labios, a pronunciar unas rápidas palabras que respondieran de alguna forma a aquella especie de mandato, pero la boca no se abrió y, pasando una inexpresiva mirada sobre el rostro del que tenía delante, retrocedió y dio dos pasos en el vestíbulo, como obedeciendo una orden. No la de aquel soldado, sino otra llegada —aunque muda— desde la puertecilla de cristales que había a la izquierda, pues tal fue el movimiento automático hecho por el centinela, o bien que una costumbre le hacía dirigirse a otra persona —a un superior— en cualquier ocasión que inesperadamente le plantease una contingencia que le exigiera decidir, lo cual le estaba prohibido. Pero cuando esta suposición iba a realizarse y cuando se había aproximado a la puertecilla, resonando sus botas con el roce de los clavos en el pavimento de mármol, el centinela se detuvo según avanzaba un poco inclinado hacia delante, con el fusil en el hombro izquierdo y ambas manos en los bolsillos, y giró hacia la calle igual que si hubiera recordado algo en relación con los dos soldados del coche. Volvió a la puerta y se situó en ella como anteriormente, pero ahora en el conjunto de los rasgos de la cara había una rigidez o una severidad apenas perceptible en el gesto concentrado, propio del centinela que monta guardia a la puerta de un cuartel abandonado, pero acentuada por la presión de los labios y las arrugas en la frente, en la parte que dejaba al descubierto el casco de hierro que achataba su cabeza y casi contribuía a que la expresión nueva que le había aparecido en el breve espacio de tiempo de los dos pasos hacia la puerta se hiciera más adusta.

—No está.

Si hubiera llegado hasta la puertecilla, si hubiese gritado como es costumbre "¡Cabo de guardia!" y si al no recibir inmediata contestación hubiese tendido la mano y cogido el picaporte para abrirla... Si no se hubiera movido de la puerta y desde allí sin retirar los ojos de los soldados hubiera dicho "¡Cabo de guardia!" y acompañando estas palabras con un golpe dado en la hoja de la puerta que tenía al lado y que habría resonado estrepitosamente... Pero no, el centinela sólo había hecho aquel movimiento, dos pasos en el interior del vestíbulo, y aquel desplazamiento casi instintivo fue bruscamente interrumpido para venir a pronunciar la seca exclamación "No está", dicha de forma terminante.

Se contemplaron atentamente, sin que mediaran más aclaraciones, como si no hubieran oído aquella respuesta tan breve, tan lógica, pero a la vez tan ambigua. El primer soldado se metió la mano en un bolsillo de la guerrera y sacó un paquete de cigarrillos y lo abrió con toda tranquilidad; se puso uno en la esquina de los labios para encenderlo con una cerilla. Y al levantar la mano llevaba aún entre los dedos el paquete de papel encarnado con rótulos dorados; lo mostró descuidadamente, sin hacer alarde de aquel tabaco inglés que en nada se podía comparar con la cajetilla de envoltura blanca, dentro de la que se deshacían los cigarrillos que apenas si se podían encender, que llevaba el centinela en el bolsillo del capote.

Encendido el pitillo, el soldado murmuró:

—Necesito ver a Julio Palomar. Es urgente.

Lo dijo con la boca tan cerrada que no dejó salir ni una voluta de humo y sólo el cigarrillo se movió y atrajo la mirada del centinela, que, como si recurriera a silencios para hallar las palabras, se quedó callado, ausente de la escena que ocurría ante él, ajeno a la obligación de escuchar y dar alguna respuesta a lo que se le decía en un tono completamente indiferente, mirando con una atención fría la ceniza del cigarrillo, que formaba un cilindro de aterciopelada materia gris que acabó por desprenderse cuando llegó a cierto tamaño, y caer a lo largo de la guerrera y dejar un rastro en ella que los ojos del centinela contemplaron hasta que se encogió de hombros, dio media vuelta y entró en el vestíbulo y pisó otra vez las losas de mármol medio ocultas bajo la suciedad que cientos de pisadas habían dejado allí.

Se dirigió a la gran escalera de anchas barandas flanqueadas por dos figuras de bronce que sostenían en sus manos, en actitud de tranquila espera, unos pesados mazos que terminaban en globos de cristal, algunos de ellos rotos, y con pasos lentos, poniendo mecánicamente los pies uno tras otro en los escalones de mármol oscurecido, subió. Sólo se detuvo cuando al llegar al primer rellano apoyó la mano izquierda en la baranda y se inclinó hacia delante para ver el vestíbulo desde arriba y las figuras de bronce y la claridad de la puerta de la calle: no había nadie ni tampoco se oía ruido alguno.

Hecho esto, atravesó el arco bordeado de un friso de piedra dorada y entró en un corredor aún bastante iluminado en aquella hora por la fila de ventanales que se sucedían a lo largo de su pared derecha, enfrente de las puertas, altas y negras, de madera trabajada, que llegaban hasta el fondo, donde una zona oscura presagiaba un corte vertical en los propósitos y daba fin a la hilera de ventanales y puertas.

Abrió la primera, no completamente, sino que mantuvo la mano sujetando el pestillo y por el hueco abierto asomó la cabeza y echó un vistazo dentro de la gran habitación donde había mesas y armarios de oficina, pero ni una persona ni señales de ella. Cerró entonces cuidadosamente y tras la segunda puerta encontró otra habitación idéntica, con mesas y máquinas de escribir y papeles tirados por el suelo, e igualmente de hojas de papel estaba cubierto el suelo de la tercera habitación, en la que el aire del balcón abierto movía aquellos papeles desparramados por todos sitios, y ante este abandono, el centinela no hizo nada esta vez para cerrar tras sí la puerta, sino que se limitó a retirarse despacio, como movido por la estremecedora corriente de aire que notaba en las mejillas: ésta fue quien la cerró de golpe, ocultándole los inquietantes roces y los suaves movimientos que allí dentro se producían sin tener ningún testigo.

Salió al centro del corredor y gritó:

—¡Oye!

Luego contempló la cuarta puerta, los arañazos que la cruzaban, las huellas de golpes en los bordes, los agujeros de clavos que a una altura media debía haber clavado una mano torpe, los raspones en el barniz dejando al descubierto la veta clara de la madera, y cuando hubo repasado aquellas señales reveladoras en una puerta se decidió a tocar el pestillo, que se movió desajustado y tardó en girar, y al lograr abrirlo vio otra oficina desordenada. Dos sillas caídas, los armarios abiertos y los cajones de las mesas volcados en el suelo, donde se esparcía el habitual material de oficina que era costumbre conservar ordenadamente en cada cajón y donde era útil cuando se le necesitaba, revuelto y confundido con restos de periódicos y cacharros de cocina que parecían desprender aún su olor característico. El olor le hizo retroceder y cerrar tras sí la hoja de la puerta y afianzar el endeble pestillo, del que retiró la mano tras haberlo sacudido a un lado y a otro para conseguir que cerrara y aquel desorden quedara oculto, como una vergüenza. Lo mismo que una vergüenza hace temblar la mano y ésta se convierte en vacilante cuando tiene que tocar lo que acaso guarda el motivo fundamental de la indignidad, así el centinela dio unos pasos inseguros pegado a la pared, tanteando su superficie con el brazo, y alzó los dedos temblorosos hacia otro picaporte, éste más sólido, con la pretensión de transmitirle su fuerza escasa y lograr que le permitiera pasar y conocer otra realidad que aunque esperada aún le estaba oculta por la alta puerta que, como las otras, permanecía celosamente cerrada. No tanto que cuando la empujó no se abriese con un ligero chirrido de sus goznes y mostrase también allí el desorden y el abandono que había mezclado cuadernos de hule con cajas de plumillas y montones de cuartillas y de oficios escritos a máquina atados con cintas rojas, y dietarios de tapas negras sobre los que se amontonaban tinteros sin usar y manojos de lápices y gomas de borrar, y sobre una silla tendida en el suelo una pierna calzada con bota alta que cubría hasta la rodilla, violentamente doblada, a continuación de la cual se extendía un cuerpo de gran tamaño cuyos brazos abiertos alcanzaban al borde de una cama de campaña y a una mesa derribada, la cual al caer debió tirar una gran cantidad de sobres vacíos que ahora rodeaban los hombros y la cabeza de aquel cuerpo.

El centinela avanzó y se inclinó sobre él y extendió la mano de dedos trémulos con los que rozó la mejilla gris verdosa y quiso imprimir a la cabeza un movimiento, pero ésta no cambió su posición y siguió pesadamente unida al suelo y a sus manchas oscuras, que se alejaban por debajo de la mesa de escritorio en dirección al balcón, del que venía una claridad mortecina aunque suficiente para distinguir el pelo adherido a la mancha uniforme que como una almohada extraña acogía el aparente sueño de la boca entreabierta y los ojos abstraídos en

algún remoto pensamiento que tendría o no relación
con los sobres blancos y azules que había en el suelo,
pero que denotaban una atención concentrada y tranquila, ajena totalmente a la angustia que sintió en la
garganta el centinela inclinado sobre él.

—¡Palomar!

—No era como si le llamase, sino más bien
repetir aquel nombre para relacionarlo definitiva-
mente con el recuerdo de su fisonomía, de su corpulencia, del tono de su voz o el tic de la nariz al fumar: la totalidad de la persona auténtica que pertenecía al cuerpo que ahora allí estaba callado, en postura forzada, inutilizado para todo.

No le volvió a tocar; se irguió y contra el
capote se frotó los tres dedos con que le había ro-
zado, tras lo cual se llevó las manos a los bolsillos
y allí las mantuvo, mientras que con los ojos recorría uno a uno los objetos diseminados en el caos
que era el despacho, fijando en su memoria cada
detalle por trivial o insólito que pudiera ser, como
si previese que algún día tendría que enumerarlos
en unas circunstancias parecidas y él tuviera que hablar largamente relatando acontecimientos que hubiese vivido u oído contar, pero que tuvieron tras-
cendencia para todos y para él mismo. No bastaría
enumerar los restos, mencionarlos como quien hace
un inventario después de un desastre: sintió la necesidad de respetarlos, ya que eran los imprescindibles materiales que sustentan lo heroico, lo audaz,
lo generoso, con lo cual volvió a pasar la vista ad-
mirada y devotamente por la mezcla de cajas de
clips y hojas folio, sellos de caucho con leyendas incomprensibles, y sus correspondientes tampones, car-
petas rotuladas y numeradas que lo mismo podían
sistematizar destinos humanos que raciones para los
regimientos, hacia todo lo cual sintió deferencia y
adhesión. Paso a paso, andando para atrás, salió del

despacho y miró al fondo del corredor, donde la
oscuridad ponía fin a todo, a suelo, puertas y ventanales, proyectos y deseos, en la oscuridad densa
que se extiende tanto por la extinción natural de
las claridades del día como por la densidad impenetrable que recubre los ánimos y los lugares de un
campo de batalla vacío de vida y de su normal estruendo.

Fue hasta la escalera y allí tanteó la baranda
con los tres dedos que habían tanteado —como apoyo de otra naturaleza— la mejilla helada y tersa que
se extendía con delicadas sinuosidades hasta la sien,
encima de la cual la rotura de los tejidos abría un
surco bordeado de fragmentos de piel endurecidos
que parecían separarse espontáneamente para revelar las esquirlas blanquecinas y, entre ellas, los glo-
bulillos translúcidos y venosos de zonas siempre invisibles pero responsabilizadas de elevados cometidos
mentales pese a pasajeras obnubilaciones que ponen
sombras en la imagen de una derrota o al tantear el
apoyo habitual para subir o bajar escalones como
aquéllos.

Bajó reconcentrado y hundido en sí mismo,
con la cabeza aplastada por el casco, tan ineficaz
entonces que el barbuquejo se movía suelto, y la
barbilla replegada hacia aquellos labios que debían
hablar porque sabían más que nadie en aquel momento en que se hacía ineludible una aclaración a las
incógnitas que esperaban en el quicio del portalón.
Se acercaba pisando con seguridad, pero muy despacio, como si el tiempo que ganaba demorando el atravesar el vestíbulo estuviese lleno de significado y
cargado de todas las experiencias que hubiese acumulado en los últimos tres años y que ahora culmi-
naban en la íntima decisión que le ordenaba ade-
cuarse a la escena que había contemplado arriba,
resumen de cientos de peripecias vividas.

Le seguían esperando, no se habían movido, estaban tensos y fijos en el sombrío portalón del que esperaban llegara una respuesta concerniente a Julio Palomar, pero, como una sorpresa casi cómica, lo que de pronto tuvieron de nuevo ante sus ojos fue al centinela hermético, inexpresivo, que volvió a situarse en su sitio y que exclamó con voz clara y enérgica:

—Yo soy Julio Palomar —dicho lo cual sus labios se contrajeron y cerraron tan sólidamente que los dos soldados se enderezaron con una leve sacudida de los hombros para que sus cabezas se alzaran y comprobar con mayor precisión el aspecto del centinela y disipar alguna duda que les hiciera aún vacilar en reconocer como verdaderas las palabras que acababan de escuchar y que si les habían hecho estremecerse, ahora les devolvían la calma con que bajaron del coche. Uno de ellos volvió a sacar su paquete de tabaco inglés, mostró su envoltura lujosa y elegante, con rótulos dorados de un gran atractivo para cualquier fumador, pero más aún para el que relacionase su placer con una clase social, y comenzó a hacer los movimientos del que va a fumar mientras que el otro soldado dio dos pasos, se puso detrás del centinela y pausadamente llevó su mano derecha a la funda de la pistola que pendía del cinturón; la abrió, la extrajo, y también muy despacio, ya empuñándola, la fue alzando hasta la altura del cuello que se veía entre el capote y el borde del casco, y apuntando allí, sin que la mano tuviera la menor oscilación, el dedo índice apretó a fondo el minúsculo gatillo del arma.

Este libro
se terminó de imprimir
en los Talleres Gráficos
de Rogar, S.A.
Fuenlabrada (Madrid)
en el mes de febrero de 1990